S. Balamurugan
Prashant Gadakh

Princípios de segurança de redes e segurança da informação

S. Balamurugan
Prashant Gadakh

Princípios de segurança de redes e segurança da informação

ScienciaScripts

Imprint

Any brand names and product names mentioned in this book are subject to trademark, brand or patent protection and are trademarks or registered trademarks of their respective holders. The use of brand names, product names, common names, trade names, product descriptions etc. even without a particular marking in this work is in no way to be construed to mean that such names may be regarded as unrestricted in respect of trademark and brand protection legislation and could thus be used by anyone.

Cover image: www.ingimage.com

This book is a translation from the original published under ISBN 978-3-639-66544-4.

Publisher:
Sciencia Scripts
is a trademark of
Dodo Books Indian Ocean Ltd. and OmniScriptum S.R.L publishing group

120 High Road, East Finchley, London, N2 9ED, United Kingdom
Str. Armeneasca 28/1, office 1, Chisinau MD-2012, Republic of Moldova, Europe
Printed at: see last page
ISBN: 978-620-7-93817-9

Copyright © S. Balamurugan, Prashant Gadakh
Copyright © 2024 Dodo Books Indian Ocean Ltd. and OmniScriptum S.R.L publishing group

SOBRE OS AUTORES

O Dr. S. Balamurugan é o Diretor de Investigação e Desenvolvimento da Mindnotix Technologies, Índia. É autor/coautor de 18 livros e tem 175 publicações em várias revistas e conferências internacionais. Atualmente, está a escrever mais três livros para a Springer, a Elsevier e a Wiley.

Foi galardoado com dois graus de Doutor em Letras (D.Litt) pela sua contribuição significativa para a investigação e o desenvolvimento no domínio da engenharia e recebeu o prémio de melhor realizador de 2018. Recebeu o prémio Rashtriya Vidhya Gourav Gold Medal Award do Indian Solidary Council e o prémio The Best Educationalist Award do International Institute of Education and Management. Recebeu o prémio Lifetime Achievement Award, atribuído pelo Global Outreach Education and Research Council. Recebeu o prémio Dr.A.P.J.Abdul Kalam Sadhbhavana Award e o prémio Jewel of India Award, para o ano de 2018, do International Business Council.

Como Diretor de Investigação e Desenvolvimento na Mindnotix, ele e a sua equipa ganharam o prémio CSI Young IT Professional Award 2017 para a Região-7, atribuído pela Computer Society of India, Coimbatore Chapter. Recebeu também o prémio de melhor investigador, o certificado de excecionalidade (2017) da ASDF, o prémio de jovem cientista e o prémio de melhor jovem investigador.

Foi secretário-adjunto da ITA durante a sua licenciatura no PSG College of Technology, na Índia

A sua biografia consta do "World Book of Researchers" 2018, Oxford, Reino Unido, e da edição de 2018 do "Marquis WHO'S WHO", Nova Jérsia, EUA.

Realizou um projeto de consultoria na área da saúde para os Hospitais VGM entre 2013 e 2016, e os seus actuais projectos de investigação incluem "Women Empowerment using IoT", "Health- Aware Smart Chair", "Advanced Brain Simulators for Assisting Physiological Medicine", "Designing Novel Health Bands" e "IoT -based Devices for Assisting Elderly People".

As suas actividades profissionais incluem funções como editor associado, membro do conselho editorial e/ou revisor em mais de 100 revistas e conferências internacionais. Foi convidado como Chief Guest/Resource Person/Keynote Plenary Speaker em muitas universidades e faculdades de renome. Os seus interesses de investigação incluem a Realidade Aumentada, a Internet das Coisas, a Análise de Grandes Dados, a Computação em Nuvem e a Computação Vestível. É membro vitalício da ACM, ISTE e CSI.

Prashant Gadakh é professor assistente no Instituto Internacional de Tecnologia da Informação, Hinjawadi Pune, Índia. Tem a seu crédito mais de 30 livros em várias revistas e conferências internacionais em diferentes domínios e publicou patentes em "A Product for reducing corruption, Accident, Traffic on

As auto-estradas também verificam as regras rodoviárias e reduzem o tempo de espera nas praças de portagem com a ajuda da digitalização do sistema de administração rodoviária e dos direitos de autor em diferentes áreas. Recebeu os prémios de melhor livro em várias conferências. Tem uma classificação universitária na sua licenciatura em engenharia e no seu mestrado em tecnologia. Deu orientação a vários projectos diferentes no domínio da engenharia e deu formação prática sobre diferentes tecnologias em diferentes faculdades.

O Prof. PrashantGadakh é membro técnico do IEEE, ACM, UACEE-IRED, CSTA, IAENG, SDIWC, SSRG-IJETT e Internet Society. É responsável por muitas revistas internacionais como revisor e editor. Concluiu muitos cursos, como o de Educação baseada nas TIC. Participou em vários programas de desenvolvimento do corpo docente, programas de formação de curta duração, workshops e seminários.

SOBRE O LIVRO

Este livro servirá como um guia ideal para B.E.. B.Tech., B.S., B.Sc, B.C.A., estudantes de licenciatura em Ciências e Engenharia Informática, Tecnologia da Informação, Engenharia Eletrónica e de Comunicações que desejem realizar projectos sobre Segurança de Redes. Os estudantes que frequentam cursos de pós-graduação em Ciências e Engenharia, M.E., M.Tech., M.S., M.Sc., M.C.A. considerarão este livro útil para os seus projectos. Os investigadores que trabalham na área da segurança de redes encontrarão neste livro um guia de referência útil para os seus trabalhos de investigação de mestrado, doutoramento, doutoramento e outros trabalhos de pós-doutoramento. Os engenheiros de software e os analistas de hardware que trabalham no sector das TI e das ITES, especificamente na área da segurança das redes, considerarão este livro um recurso útil. Em jeito de conclusão, acreditamos que o leitor encontrará neste livro um guia realmente útil e uma valiosa fonte de informação sobre Segurança de Redes.

Dr. S. Balamurugan

Prof. PrashantGadakh

ÍNDICE DE CONTEÚDOS

5

DEDICAÇÃO

Este livro é dedicado a todos os estudantes de todo o mundo que desejem entrar na investigação sobre Segurança de Redes. Quando este livro for impresso, que comece a vossa descoberta. Tudo de bom!

CAPÍTULO 1

INTROCUÇÃO

Na era da tecnologia da informação, as facetas do trabalho e da disponibilidade de tudo o que é necessário na Internet são a rede interligada e os diferentes sistemas, como os servidores Web, os servidores de bases de dados, os servidores de computação em nuvem, os servidores de computação em grelha, etc., estão agora sob a ameaça de atacantes de rede. Como um dos meios mais comuns e agressivos, os ataques de negação de serviço (DoS) causam um impacto grave nestes diferentes sistemas informáticos. Neste artigo, apresentamos um sistema de deteção e prevenção de ataques DoS que utiliza a Análise de Correlação Multivariada (MCA) para uma caraterização precisa do tráfego de rede, extraindo as correlações geométricas entre as características do tráfego de rede. O nosso sistema de deteção de ataques DoS baseado na MCA emprega o princípio da deteção baseada em anomalias na deteção e prevenção de meios de reconhecimento de ataques. Isto torna a nossa solução capaz de detetar eficazmente ataques DoS conhecidos e desconhecidos, aprendendo apenas os padrões do tráfego de rede legítimo. Além disso, é proposta uma técnica baseada numa área triangular para melhorar e acelerar o processo de MCA e aumentar a utilização. A eficácia do nosso sistema de deteção proposto é avaliada utilizando o conjunto de dados KDD Cup 99, e são examinadas as influências dos dados não normalizados e dos dados normalizados no desempenho do sistema de deteção proposto. Os resultados mostram que o nosso sistema supera duas outras abordagens de ponta desenvolvidas anteriormente em termos de precisão de deteção.

O ataque de negação de serviço é um tipo de ataque agressivo ao servidor online. Os ataques DoS degradam gravemente a disponibilidade de uma vítima, que pode ser um anfitrião, um router ou uma rede inteira. Impõem tarefas de computação intensivas à vítima, explorando a vulnerabilidade do seu sistema ou inundando-a com uma enorme quantidade de pacotes inúteis. A vítima pode ser forçada a ficar fora de serviço durante alguns minutos ou mesmo vários dias. Isto causa sérios danos aos serviços que estão a funcionar na vítima. Por conseguinte, a deteção eficaz de ataques DoS é essencial para a proteção dos serviços em linha. Os trabalhos sobre a deteção de ataques DoS centram-se principalmente no desenvolvimento de mecanismos de deteção baseados na rede. Os sistemas de deteção baseados nestes mecanismos monitorizam o tráfego transmitido através das redes protegidas. Estes mecanismos libertam os servidores em linha protegidos dos ataques de monitorização e garantem que os servidores podem dedicar-se a fornecer serviços de qualidade com um atraso mínimo na resposta. Além disso, os sistemas de deteção baseados na rede estão fracamente ligados aos sistemas operativos que funcionam nas máquinas anfitriãs que estão a proteger. Consequentemente, as configurações dos sistemas de deteção baseados na rede são menos complicadas do que as dos sistemas de deteção baseados no anfitrião. De um modo geral, os sistemas de deteção baseados em redes podem ser classificados em duas categorias principais, nomeadamente os sistemas de deteção baseados na utilização incorrecta [1] e os sistemas de deteção baseados em anomalias [2]. Os sistemas de deteção baseados na má utilização detectam os ataques monitorizando as actividades da rede e procurando correspondências com as assinaturas de ataque existentes. Apesar de terem elevadas taxas de deteção de ataques conhecidos e baixas taxas de falsos positivos, os sistemas de deteção baseados na utilização incorrecta são facilmente contornados por quaisquer novos ataques e mesmo por variantes dos ataques existentes. Além disso, é uma tarefa complicada e trabalhosa manter a base de dados de assinaturas actualizada, porque a geração de assinaturas é um processo manual e envolve fortemente conhecimentos de segurança da rede. Por conseguinte, a comunidade de investigação começou a explorar uma forma de obter sistemas de deteção tolerantes às novidades e desenvolveu um conceito mais avançado, nomeadamente a deteção baseada em anomalias.

Devido ao princípio da deteção, que monitoriza e assinala como objectos suspeitos quaisquer actividades de rede que apresentem um desvio significativo em relação aos ficheiros de tráfego legítimos, as técnicas de deteção baseadas em anomalias revelam-se mais promissoras na deteção de intrusões de dia zero que exploram vulnerabilidades do sistema anteriormente desconhecidas [3]. Além disso, não está limitada pela experiência em segurança de redes, devido ao facto de os perfis de comportamentos legítimos serem desenvolvidos com base em técnicas como a extração de dados [4], [5], a aprendizagem automática [6], [7] e a análise estatística [8], [9]. No entanto, estes sistemas propostos sofrem geralmente de elevadas taxas de falsos positivos porque as correlações entre características/atributos são intrinsecamente negligenciadas [10] ou as técnicas não conseguem explorar plenamente essas correlações.

INCONVENIENTES EXISTENTES:

A maioria dos IDS existentes está optimizada para detetar ataques com elevada precisão. No entanto, continuam a ter várias desvantagens que foram descritas numa série de publicações e foi feito muito trabalho para analisar os IDS de modo a orientar a investigação futura. Para além de outras, uma das desvantagens é a grande quantidade de alertas produzidos. Por isso, concentramo-nos nos seguintes pontos,

-       Maior precisão de deteção

-       Menos falsos alarmes

-       Caracterização exacta do comportamento do tráfego e

deteção de ataques conhecidos e desconhecidos

Nesta secção é apresentada uma panorâmica da arquitetura do sistema de deteção de ataques DoS que propomos, onde são abordados o quadro do sistema e o mecanismo de deteção amostra a amostra.

3.1 Enquadramento

O mecanismo de deteção amostra a amostra está envolvido em toda a fase de deteção (ou seja, etapas 1, 2 e 3) e é descrito em pormenor na secção 2.2. Na etapa 1, as características básicas são geradas a partir do tráfego de rede de entrada para a rede interna onde residem os servidores protegidos e são utilizadas para formar registos de tráfego para um intervalo de tempo bem definido. A monitorização e a análise na rede de destino reduzem os custos gerais da deteção de actividades maliciosas, concentrando-se apenas no tráfego de entrada relevante. Isto também permite que o nosso detetor forneça a proteção mais adequada para a rede interna visada, porque os perfis de tráfego legítimo utilizados pelos detectores são desenvolvidos para um número menor de serviços de rede. O processo pormenorizado pode ser consultado em [17]. O passo 2 é a Análise de Correlação Multivariada, em que o módulo "Triangle Area Map Generation" é aplicado para extrair as correlações entre duas características distintas dentro de cada registo de tráfego proveniente do primeiro passo ou do registo de tráfego normalizado pelo módulo "Feature Normalization" neste passo (Passo 2). A ocorrência de intrusões na rede provoca alterações nestas correlações, de modo que as alterações podem ser utilizadas como indicadores para identificar as actividades intrusivas. Todas as correlações extraídas, nomeadamente as áreas triangulares armazenadas nos Mapas de Áreas Triangulares (TAM), são então utilizadas para substituir as características básicas originais ou os

12 características normalizadas para representar os registos de tráfego. Isto proporciona uma maior informação discriminativa para diferenciar entre registos de tráfego legítimos e ilegítimos. O nosso método MCA e a técnica de normalização de características são explicados nas Secções 3 e 5.2, respetivamente. Na etapa 3, o mecanismo de deteção baseado em anomalias [3] é adotado na tomada de decisões. Este mecanismo facilita a deteção de quaisquer ataques DoS sem exigir qualquer conhecimento relevante do ataque. Além disso, evita-se a análise intensiva de ataques e a atualização frequente da base de dados de assinaturas de ataques no caso da deteção baseada na utilização abusiva. Entretanto, o mecanismo aumenta a robustez dos detectores propostos e torna-os mais difíceis de contornar, porque os atacantes têm de gerar ataques que correspondam aos perfis de tráfego normais criados por um algoritmo de deteção específico.

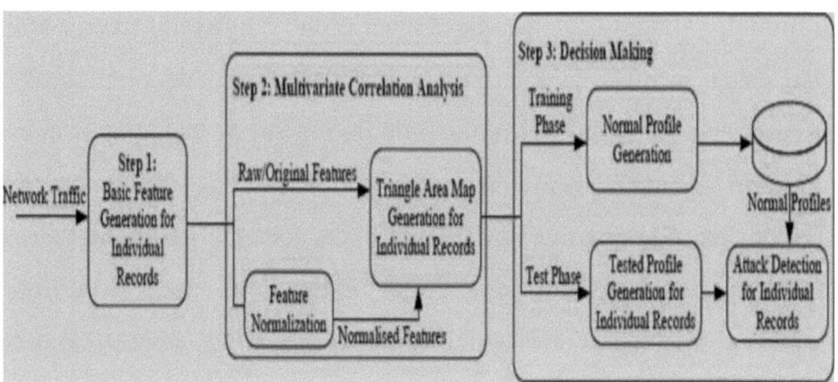

Figura 3.1: A monitorização e a análise na rede de destino reduzem os custos gerais da deteção de actividades maliciosas

No entanto, esta é uma tarefa trabalhosa e requer conhecimentos especializados no algoritmo de deteção de alvos. Especificamente, duas fases (ou seja, a "Fase de treino" e a "Fase de teste") estão envolvidas na tomada de decisão. O módulo "Normal Profile Generation" (geração de perfis normais) é utilizado na "Training Phase" (fase de treino) para gerar perfis para vários tipos de registos de tráfego legítimo e os perfis normais gerados são armazenados numa base de dados. O módulo "Geração de perfis testados" é utilizado na "Fase de teste" para criar perfis para registos de tráfego individuais observados. Em seguida, os perfis testados são entregues ao módulo "Deteção de ataques", que compara os perfis individuais testados com os respectivos perfis normais armazenados. No módulo "Deteção de ataques" é utilizado um classificador baseado em limiares para distinguir os ataques DoS do tráfego legítimo. O algoritmo detalhado é apresentado na secção 4.

4. Análise de correlação multivariada

O tráfego de ataque DoS comporta-se de forma diferente do tráfego de rede legítimo, e o comportamento do tráfego de rede reflecte-se nas suas propriedades estatísticas. Para descrever bem estas propriedades estatísticas, apresentamos nesta secção uma nova abordagem de análise de correlação multivariada (MCA). Esta abordagem MCA utiliza a área triangular para extrair a informação correlativa entre as características de um objeto de dados observado (ou seja, um registo de tráfego). Os pormenores são apresentados a seguir.

Dado um conjunto de dados arbitrário $X = \{x1, x2, \cdots, xn\}$, em que $xi = [fi1\ fi2 \cdots fim\ ]T$, $(1 \leq i \leq n)$ representa o i-ésimo registo de tráfego m-dimensional. Aplicamos o conceito de área de triângulo para extrair a correlação geométrica entre a j-ésima e a k-ésima características no vetor xi. Para obter o triângulo formado pelas duas características, é necessário efetuar uma transformação dos dados. O vetor xi é primeiro projetado no (j, k)-ésimo subespaço euclidiano bidimensional como $yi,j,k = [\varepsilon j\ \varepsilon k]T\ xi = [fi\ j\ fik\ ]T$, $(1 \leq i \leq n, 1 \leq j \leq m,\ 1 \leq k \leq m,\ j = k)$. Os vectores $\varepsilon j = [ej,1\ ej,2 \cdots ej,m]T$ e $\varepsilon k = [ek,1\ ek,2 \cdots ek,m]T$ têm elementos com valores zero, exceto os elementos (j, j)-th e (k, k)-th cujos valores são uns em εj e εk, respetivamente. O elemento yi,j,k pode ser interpretado como um vetor coluna bidimensional, que também pode ser definido como um ponto no sistema de coordenadas cartesianas no subespaço euclidiano bidimensional (j, k) com coordenadas (fij, fik). Em seguida, no sistema de coordenadas cartesianas, encontra-se um triângulo $\Delta fi\ jOfik$ formado pela origem e pelos pontos projectados da coordenada $(fi\ j\ ,\ fik\ )$ no eixo j e no eixo k.

5. Mecanismo de deteção

Nesta secção, apresentamos um detetor de anomalias baseado em limiares, cujos perfis normais são gerados com base em registos de tráfego de rede puramente legítimos e utilizados para futuras comparações com novos registos de tráfego investigados. A dissimilaridade entre um novo registo de tráfego de entrada e o respetivo perfil normal é examinada pelo detetor proposto. Se a dissimilaridade for superior a um limiar pré-determinado, o registo de tráfego é assinalado como um ataque. Caso contrário, é rotulado como um registo de tráfego legítimo. É evidente que os perfis normais e os limiares têm influência direta no desempenho de um detetor baseado em limiares. Um perfil normal de baixa qualidade provoca uma caraterização incorrecta do tráfego de rede legítimo. Assim, começamos por aplicar a abordagem MCA baseada em áreas triangulares proposta para analisar o tráfego de rede legítimo, e os TAMs gerados são depois utilizados para fornecer características de qualidade para a geração de perfis normais.

6. **Avaliação do sistema de deteção de ataques DoS baseado em MCA**

A avaliação do sistema de deteção de ataques DoS que propomos é efectuada utilizando o conjunto de dados KDD Cup 99 [17]. Apesar de o conjunto de dados ser criticado por ter registos redundantes que impedem os algoritmos de aprender registos prejudiciais pouco frequentes [21], é o único conjunto de dados de referência rotulado publicamente disponível e tem sido amplamente utilizado no domínio da investigação sobre deteção de intrusões. Testar a nossa abordagem no conjunto de dados KDD Cup 99 contribui para uma avaliação convincente e torna equitativas as comparações com outras técnicas de ponta. Além disso, o nosso sistema de deteção resiste de forma inata ao impacto negativo introduzido pelo conjunto de dados porque os seus perfis são construídos exclusivamente com base no tráfego de rede legítimo. Assim, o nosso sistema não é afetado pelos registos redundantes. Durante a avaliação, são utilizados os 10% de dados rotulados do conjunto de dados KDD Cup 99, onde estão disponíveis três tipos de tráfego legítimo (tráfego TCP, UDP e ICMP) e seis tipos diferentes de ataques DoS (ataques Teardrop, Smurf, Pod, Neptune, Land e Back). Todos estes registos são primeiro filtrados e depois agrupados em sete grupos de acordo com as suas etiquetas.

7. Conclusão e trabalho futuro

Este artigo apresenta um sistema de deteção de ataques DoS baseado em MCA, que é alimentado pela técnica MCA baseada em áreas triangulares e pela técnica de deteção baseada em anomalias. A primeira técnica extrai as correlações geométricas escondidas em pares individuais de duas características distintas em cada registo de tráfego de rede e oferece uma caraterização mais precisa dos comportamentos do tráfego de rede. A última técnica permite que o nosso sistema seja capaz de distinguir ataques DoS conhecidos e desconhecidos do tráfego de rede legítimo. A avaliação foi efectuada utilizando o conjunto de dados KDD Cup 99 para verificar a eficácia e o desempenho do sistema de deteção de ataques DoS proposto. A influência dos dados originais (não normalizados) e normalizados foi estudada no documento. Os resultados revelaram que, ao trabalhar com dados não normalizados, o nosso sistema de deteção atinge uma precisão de deteção máxima de 95,20%, embora não funcione bem na identificação de registos de ataques Land, Neptune e Teardrop. O problema, no entanto, pode ser resolvido utilizando a técnica de normalização estatística para eliminar o enviesamento dos dados. Os resultados da avaliação com os dados normalizados mostraram uma precisão de deteção mais encorajadora de 99,95% e quase 100,00% de DRs para os vários ataques DoS. Além disso, o resultado da comparação provou que o nosso sistema de deteção supera as duas abordagens mais avançadas em termos de precisão de deteção. Além disso, a complexidade computacional e o custo de tempo do sistema de deteção proposto foram analisados e apresentados na secção 6. O sistema proposto alcança um desempenho igual ou melhor em comparação com as duas abordagens mais avançadas. Como parte do trabalho futuro, continuaremos a testar o nosso sistema de deteção de ataques DoS utilizando dados do mundo real e utilizaremos técnicas de classificação mais sofisticadas para reduzir ainda mais a taxa de falsos positivos.

CAPÍTULO 2

EXECUÇÃO DE UM SISTEMA DE DETECÇÃO DE INTRUSÕES ATRAVÉS DE ALGORITMO GENÉTICO

Em 1987, DOROTHY E. DENNING (Distinguished Professor, Department of Defense Analysis Naval Postgraduate School) propôs um sistema de deteção de intrusões como uma abordagem para detetar ataques e utilizações indevidas de computadores e redes. A deteção de intrusões é implementada por um sistema de deteção de intrusões. [1] Atualmente, existem muitos sistemas comerciais de deteção de intrusões disponíveis no mercado. [5] Gostaria de apresentar alguns sistemas IDS disponíveis no mercado. Lista - Ana Disk, Audit Track for Netware, by-Life Line (Bind View Development), CRCMd5 Data Validation Tool, etc. Assim, centenas de ferramentas IDS estão atualmente a funcionar no mercado. No entanto, existem ferramentas disponíveis no mercado, mas alguns piratas informáticos especializados e alguns projectistas de sistemas profissionais conseguem quebrar as informações que são transmitidas em vários sistemas de comunicação, mas de forma ilegal. O Sistema de Deteção de Intrusão em Redes Utilizando Algoritmo Genético (IDS) é utilizado para a Global Technology Solutions. Monitoriza os sistemas de segurança e as instalações que protegem os dados críticos e outros recursos do seu mainframe 24 horas por dia, sete dias por semana. O Enforcer certifica-se de que as normas, políticas, regras e definições definidas pelos seus especialistas em segurança estão em vigor e permanecem em vigor.

Com o Vanguard Enforcer, nunca mais terá de se questionar se a implementação da segurança na sua mainframe está a proteger eficazmente os seus recursos críticos. Esta tecnologia assegura que a segurança dos seus sistemas de mainframe cumpre continuamente as normas de "melhores práticas" e as suas próprias políticas de segurança. [5] Mais uma aplicação para encontrar dados ocultos ou eliminados em disquetes de computador, independentemente do formato. Pesquise qualquer disquete por valores definidos pelo utilizador, imprima dados com base em sectores físicos ou ficheiros e copie praticamente qualquer tipo de disquete, independentemente do formato ou tipo.

IDS baseado no sistema que tem a capacidade de detetar o reconhecimento da rede e o rastreio furtivo de portas ao longo de muitos meses, alertando mesmo contra os ataques mais determinados. A arquitetura única de deteção de intrusões baseada no sistema do Cyber Cop Monitor permite a análise de pacotes em tempo real e a análise de eventos do sistema. [5] As características avançadas de segurança incluem a deteção e o alerta de ataques destinados não só ao sistema que está a tentar proteger, mas também quando esse sistema está a ser utilizado como "ponto de partida" para lançar ataques contra outros activos da rede. As capacidades de auditoria C2 do Monitor produzem um relatório de auditoria mais detalhado e podem criar registos de auditoria por utilizador, evento e classe para se integrarem na funcionalidade do Solaris Basic Security Mode (BSM). Esta capacidade permite um registo poderoso de eventos até ao nível da chamada de sistema para contrariar até a mais hábil utilização indevida do sistema. [13]

2. Visão geral da deteção de intrusões

As secções que se seguem apresentam uma breve panorâmica de todos os ataques à rede, classificações e vários componentes do Sistema de Deteção de Intrusões que vamos ver neste relatório.

2.1. Pormenores de alguns ataques de rede

Esta secção apresenta uma panorâmica das quatro principais categorias de ataques a redes. Cada ataque a uma rede pode ser confortavelmente colocado num destes grupos [21].

Negação de serviço (DOS): Um ataque DOS é um tipo de ataque em que o hacker torna os recursos de computação ou de memória demasiado ocupados ou demasiado cheios para servir pedidos legítimos de ligação em rede, negando assim o acesso dos utilizadores a uma máquina, por exemplo, apache, smurf, neptune, ping of death, back, mail bomb, UDP storm, etc., são todos ataques DOS. [1]

Ataques remotos ao utilizador (R2L): Um ataque remoto ao utilizador é um ataque em que um utilizador envia pacotes para uma máquina através da Internet, à qual não tem acesso, a fim de expor as vulnerabilidades da máquina e explorar privilégios que um utilizador local teria no computador, por exemplo, xlock, guest, xnsnoop, phf, send mail dictionary, etc. [1]

Ataques do utilizador à raiz (U2R): Estes ataques são explorações em que o hacker começa no sistema com uma conta de utilizador normal e tenta abusar das vulnerabilidades do sistema para obter privilégios de superutilizador, por exemplo, Perl, xterm. [5]

Sondagem: A sondagem é um ataque em que o hacker analisa uma máquina ou um dispositivo de rede a fim de determinar pontos fracos ou vulnerabilidades que podem ser explorados posteriormente para comprometer o sistema. Esta técnica é normalmente utilizada na extração de dados, por exemplo, saint, port sweep, mscan, nmap, etc.

Ataque passivo: Um ataque passivo monitoriza o tráfego não encriptado e procura palavras-passe em texto claro e informações sensíveis que possam ser utilizadas noutros tipos de ataques. [Os ataques passivos incluem a análise do tráfego, a monitorização de comunicações desprotegidas, a desencriptação de tráfego fracamente encriptado e a captura de informações de autenticação, como palavras-passe. A interceção passiva das operações de rede permite aos adversários ver as acções futuras. Os ataques passivos resultam na divulgação de informações ou ficheiros de dados a um atacante sem o consentimento ou o conhecimento do utilizador. [10] Ataque ativo: Num ataque ativo, o atacante tenta contornar ou invadir sistemas seguros.

Isto pode ser feito através de furtividade, vírus, worms ou cavalos de Troia. Os ataques activos incluem tentativas de contornar ou quebrar características de proteção, de introduzir código malicioso e de roubar ou modificar informações. Estes ataques são montados contra uma espinha dorsal da rede, exploram informações em trânsito, penetram eletronicamente num enclave ou atacam um utilizador remoto autorizado durante uma tentativa de ligação a um enclave[5]. [5] Os ataques activos resultam na divulgação ou disseminação de ficheiros de dados, DOS ou modificação de dados. [10]

Ataque distribuído: Um ataque distribuído requer que o adversário introduza código, como um cavalo de Troia ou um programa back-door. Estes ataques introduzem código malicioso, como um back-door, num produto para obter acesso não autorizado a informações ou a uma função do sistema numa data posterior.

Ataque interno: Um ataque interno envolve alguém de dentro, como um funcionário insatisfeito, que ataca a rede Os ataques internos podem ser maliciosos ou não. Os ataques internos maliciosos intencionalmente escutam, roubam ou danificam informações; utilizam informações de forma fraudulenta; ou negam o acesso a outros utilizadores autorizados. Os ataques não maliciosos resultam normalmente de descuido, falta de conhecimento ou evasão intencional da segurança por razões como a execução de uma tarefa. [20]

Ataque de proximidade: Um ataque de proximidade envolve alguém que tenta aproximar-se fisicamente de componentes, dados e sistemas de rede para saber mais sobre uma rede. Os ataques de proximidade consistem em indivíduos regulares que se aproximam fisicamente de redes, sistemas ou instalações com o objetivo de modificar, recolher ou negar o acesso a informações. A proximidade física é conseguida através de uma entrada sub-reptícia na rede, acesso aberto ou ambos. Uma forma popular de ataque de proximidade é o ataque de engenharia social, em que o atacante compromete a rede ou o sistema através da interação social com uma pessoa, através de uma mensagem de correio eletrónico ou por telefone. O atacante compromete a rede ou o sistema através da interação social com uma pessoa, por correio eletrónico ou telefone. [A informação que a vítima revela ao hacker será muito provavelmente utilizada num ataque subsequente para obter acesso não autorizado a um sistema ou rede. [1]

Ataque de phishing: No ataque de phishing, o hacker cria um sítio Web falso que se parece exatamente com um sítio popular, como o do banco SBI ou do PayPal. A parte de phishing do ataque consiste no facto de o pirata informático enviar uma mensagem de correio eletrónico para tentar induzir o utilizador a clicar numa ligação que conduz ao sítio falso. Quando o utilizador tenta iniciar sessão com as informações da sua conta, o pirata informático regista o nome de utilizador e a palavra-passe e, em seguida, experimenta essas informações no sítio verdadeiro. [5]

Ataque de sequestro: Num ataque de sequestro, um hacker assume o controlo de uma sessão entre si e outro indivíduo e desliga o outro indivíduo da comunicação. O utilizador continua a pensar que está a falar com a parte original e pode enviar informações privadas para o hacker por acidente. [10]

Ataque de falsificação: Num ataque de falsificação, o hacker modifica o endereço de origem dos pacotes que está a enviar para que pareçam vir de outra pessoa. Isto pode ser uma tentativa de contornar as regras da firewall. [5]
Estouro de buffer: Um ataque de buffer overflow ocorre quando o atacante envia mais dados para uma aplicação do que o esperado. Um ataque de estouro de buffer geralmente resulta na obtenção de acesso administrativo ao sistema por parte do atacante num prompt de comando ou shell. [10]
Ataque de exploração: Neste tipo de ataque, o atacante tem conhecimento de um problema de segurança num sistema operativo ou num software e tira partido desse conhecimento explorando a vulnerabilidade. [10]

Ataque com palavra-passe: Um ataque de palavra-passe é um ataque em que um atacante tenta decifrar as palavras-passe armazenadas numa base de dados de uma conta de rede ou num ficheiro protegido por palavra-passe. Existem três tipos principais de ataques a palavras-passe: um ataque de dicionário, um ataque de força bruta e um ataque híbrido. Um ataque de dicionário utiliza um ficheiro de lista de palavras, que é uma lista de potenciais palavras-passe. Um ataque de força bruta é quando o atacante tenta todas as combinações possíveis de caracteres. [5]

3.3. Componentes do sistema de deteção de intrusões

Um sistema de deteção de intrusões é normalmente constituído por três componentes funcionais [23]. O primeiro componente de um sistema de deteção de intrusões, também conhecido por gerador de eventos, é uma fonte de dados. As fontes de dados podem ser classificadas em quatro categorias: monitores baseados no anfitrião, monitores baseados na rede, monitores baseados nas aplicações e monitores baseados no alvo [20]. [20] O segundo componente de um sistema de deteção de intrusões é conhecido como motor de análise. [Este componente obtém informações da fonte de dados e examina os dados para detetar sintomas de ataques ou outras violações de políticas. O motor de análise pode utilizar uma ou ambas as abordagens de análise seguintes:

Deteção baseada em uso indevido/assinatura: Este tipo de motor de deteção detecta intrusões que seguem padrões bem conhecidos de ataques (ou assinaturas) que exploram software conhecido

Deteção de anomalias/estatística: Um motor de deteção baseado em anomalias procura algo raro ou invulgar [26]. Analisam os fluxos de eventos do sistema, utilizando técnicas estatísticas para encontrar padrões de atividade que parecem ser anormais. As principais desvantagens deste sistema são o facto de serem muito dispendiosos e de poderem reconhecer um comportamento intrusivo como normal devido à insuficiência de dados. [5]

Gestor de resposta: O terceiro componente de um sistema de deteção de intrusões é o gestor de respostas. Em termos básicos, o gestor de respostas só actua quando são detectadas incorrecções (possíveis ataques de intrusão) no sistema, informando alguém ou alguma coisa sob a forma de uma resposta.

4 Sistemas existentes e seus problemas

4.1. Sistemas de deteção de intrusões existentes

Noisy: Em 2009, o Noisy/Snort entrou na programação de código aberto como um dos "maiores softwares de código aberto de todos os tempos". Através da análise de protocolos, pesquisa de conteúdos, classificação de conteúdos e vários pré-processadores, o Noisy detecta milhares de tentativas de exploração de vulnerabilidades, worms, etc.

OSSEC: (Open Source Host-based Intrusion Detection System) executa alertas baseados no tempo, análise de registos, deteção de rootkits, verificação de integridade e resposta ativa. Para além da sua funcionalidade IDS, o OSSEC HIDS monitoriza e analisa as suas firewalls, servidores Web e registos de autenticação. [20]

OSSIM: (Open Source Security Information Management)O objetivo do OSSIM é fornecer uma compilação sinónima de ferramentas que, ao trabalharem em conjunto sob a forma de programação múltipla, concedem permissão aos administradores de rede/segurança, autenticações de servidores, procedimentos de alojamento, dispositivos de acesso físico. O OSSIM incorpora várias outras ferramentas, incluindo o Nations e o OSSEC HIDS. é um sistema de deteção de intrusão baseado no anfitrião (HIDS), gratuito e de código aberto, criado pela fundação Sucuri.

Suricata: é um motor de monitorização de segurança de alto desempenho; é uma fundação de sistema de segurança de base não lucrativa. [5]

Bro: é um sistema de deteção de intrusão de rede de código aberto, baseado em Unix. Embora se concentre na monitorização da segurança da rede, o Bro fornece uma plataforma abrangente para uma análise mais geral do tráfego de rede. Atualmente, é utilizado operacionalmente, em especial por muitos ambientes científicos, para proteger as suas infra-estruturas cibernéticas e portas de segurança. [20]

4.2. Problemas e algumas desvantagens dos sistemas existentes

O ruído pode limitar severamente a eficácia de um sistema de deteção de intrusão. Os maus pacotes gerados por bugs de software, dados DNS corrompidos e pacotes locais que escaparam podem criar uma taxa de falsos alarmes significativamente elevada.

Não é raro que o número de ataques reais seja muito inferior ao número de falsos alarmes. O número de ataques reais é muitas vezes tão inferior ao número de falsos alarmes que os ataques reais são frequentemente ignorados. [20]

Muitos ataques são direccionados para versões específicas de software que estão normalmente desactualizadas. É necessária uma biblioteca de assinaturas em constante mudança para mitigar as ameaças. Bases de dados de assinaturas desactualizadas podem deixar o IDS vulnerável a estratégias mais recentes.

No caso dos IDS baseados em assinaturas, haverá um desfasamento entre a descoberta de uma nova ameaça e a aplicação da sua assinatura ao IDS. Durante este período, o IDS não conseguirá identificar a ameaça. [20]

Não pode compensar uma identificação e mecanismos de autenticação fracos ou fraquezas nos protocolos de rede. Quando um atacante obtém acesso devido a um mecanismo de autenticação deficiente, o IDS não pode impedir o adversário de efetuar qualquer prática maliciosa.

O software de deteção de intrusões fornece informações com base no endereço de rede que está associado ao pacote IP enviado para a rede. Isto é benéfico se o endereço de rede contido no pacote IP for exato. No entanto, o endereço contido no pacote IP pode ser falsificado ou baralhado. [20]

CAPÍTULO 3

CLASSIFICAÇÃO DE BLOCOS DE PAGINAÇÃO DE UM DOCUMENTO

RESUMO

Neste capítulo, decidimos fazer uma classificação, para a qual escolhemos um conjunto de dados do repositório de aprendizagem automática da Universidade da Califórnia em Irvine. Pegámos no conjunto de dados chamado page-blocks, que contém esquemas de páginas de um documento criado a partir do processo de segmentação. Depois de visualizar os dados, começámos por executar o algoritmo de classificação Naive Bayes para classificar os dados. Verificámos que a precisão não é boa. Em seguida, voltámos a classificá-los utilizando o algoritmo da árvore de decisão. Neste relatório, discutimos a estrutura do conjunto de dados, a sua visualização, os algoritmos de classificação e comparamos os seus resultados. O relatório termina com uma breve secção sobre o trabalho futuro que é possível realizar com este conjunto de dados.

INTRODUÇÃO

A classificação é a tarefa de atribuir objectos ou observações a uma ou mais categorias. As aplicações interessantes e úteis da classificação são a deteção de spam, a categorização de células como malignas ou benignas, a classificação de galáxias com base nas suas formas, a classificação de documentos com base no seu conteúdo, etc. Os dados de entrada geralmente utilizados para a tarefa de classificação são uma coleção de registos numa estrutura de dados geralmente conhecida como matriz de dados. O primeiro é o vetor de dados em que cada valor corresponde a uma única caraterística dos dados, e o segundo elemento é o rótulo da classe ou o valor-alvo que queremos prever. Exemplos de classificação de texto incluem, mas não estão limitados a

1. Atribuição de categorias de assuntos, tópicos ou géneros a documentos

2. Deteção de spam

3. Identificação da autoria

4. Identificação da idade/género

5. Identificação da língua

6. Análise do sentimento

Numa classificação geral de texto, a entrada é um documento d e um conjunto fixo de classes $C = \{c1, c2, c3, c4, , \quad cn\}$ e a saída é uma classe c

$\in C$. As possíveis regras de aprendizagem automática que podem ser utilizadas para classificar são as regras codificadas manualmente ou a aprendizagem automática supervisionada. Embora a precisão das regras codificadas manualmente possa ser muito elevada, a sua construção e manutenção são dispendiosas. Por isso, a aprendizagem automática supervisionada é preferida, em que um modelo é gerado através do treino de um conjunto de documentos etiquetados à mão. Este modelo é testado num conjunto de teste, que prevê a classe de cada documento (observação) neste projeto; exploramos duas técnicas de aprendizagem automática supervisionada, árvores de decisão e naive Bayes, para as suas aplicações na classificação de textos.

Declaração do problema

O problema consiste em classificar todos os blocos do layout da página de um documento que tenha sido detectado por um processo de segmentação, o que é um passo essencial na análise de documentos para separar o texto das áreas gráficas.

Conjunto de dados

Fonte e descrição

Escolhemos um conjunto de dados chamado page-blocks do repositório de aprendizagem automática da Universidade de Irvine. O conjunto de dados é constituído por 5473 exemplos provenientes de 54 documentos distintos. Cada observação no conjunto de dados (uma linha na matriz de dados) diz respeito a um bloco. Todos os atributos do conjunto de dados são numéricos. O conjunto de dados está num formato legível pelo C4.5.

Atributos

Existem 10 atributos no conjunto de dados, nomeadamente

1. altura: número inteiro. | Altura do bloco.

2. comprimento: número inteiro. | Comprimento do bloco.

3. área: número inteiro. | Área do bloco (altura * comprimento);

4. eccen: contínuo. | Excentricidade do bloco (comprimento / altura);

5. p_preto: contínuo. | Percentagem de pixels pretos no bloco (blackpix / área);

6. p_e: contínuo. | Percentagem de píxeis pretos após a aplicação da duração da execução
Algoritmo de suavização (RLSA) (preto e / área);

7. mean_tr: contínuo. | Número médio de transições branco-preto (blackpix / wb_trans);

8. blackpix: número inteiro. | Número total de pixéis pretos no mapa de bits original do bloco.

9. blackand: número inteiro. | Número total de pixéis pretos no mapa de bits do bloco após a RLSA.

10. wb_trans: número inteiro. | Número de transições branco-preto no mapa de bits original do bloco.

Variável-alvo (classes)

Existem 5 variáveis ou classes de objectivos:-

1. Texto

2. Linha horizontal

3. Imagem

4. Linha vertical

5. Gráfico

Distribuição de classes

Class	Frequency	Percent	Valid Percent	Cum Percent
Text	4913	89.8	89.8	89.8
Horiz. line	329	6.0	6.0	95.8
Graphic	28	0.5	0.5	96.3
Vert. line	88	1.6	1.6	97.9
Picture	115	2.1	2.1	100.0
TOTAL	5473	100.0	100.0	

Estatísticas resumidas

Variable	Mean	Std Dev	Minimum	Maximum	Correlation
HEIGHT	10.47	18.96	1	804	.3510
LENGTH	89.57	114.72	1	553	.0045
AREA	1198.41	4849.38	7	143993	.2343
ECCEN	13.75	30.70	.007	537.00	.0992
P_BLACK	.37	.18	.052	1.00	.2130
P_AND	.79	.17	.062	1.00	.1771
MEAN_TR	6.22	69.08	1.00	4955.00	.0723
BLACKPIX	365.93	1270.33	7	33017	.1656
BLACKAND	741.11	1881.50	7	46133	.1565
WB_TRANS	106.66	167.31	1	3212	.0337

Visualização

Os dados podem ser visualizados da seguinte forma utilizando um gráfico de pares:-

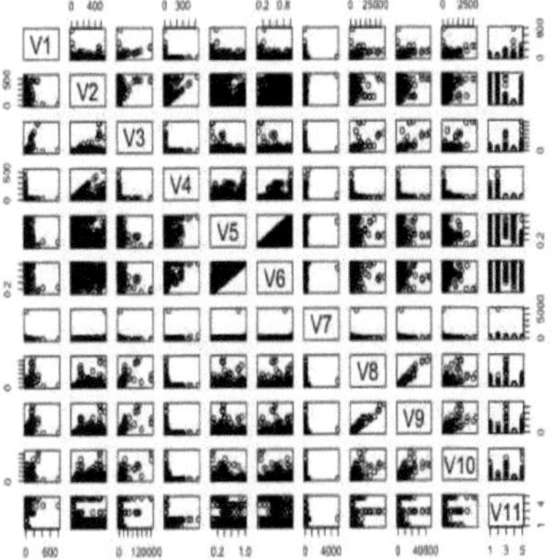

Figura 1. Gráfico de pares do conjunto de dados

Dados correlacionados

A partir do gráfico de pares, é evidente que as colunas "blackpix (V8)" e "blackand (V9)" estão linearmente correlacionadas e têm um coeficiente de correlação de 0,957. Incluir ambas as características seria acrescentar informação repetitiva que poderia afetar o modelo. Por isso, planeámos remover a caraterística blackand.

Conceção / Metodologia

Distribuição de classes desequilibradas

A distribuição das classes é muito enviesada neste conjunto de dados. A secção de distribuição de classes acima dá a percentagem de registos pertencentes a cada classe no conjunto de dados, onde podemos observar que a classe '1' tem 89,8% dos registos de dados, a classe '2' tem 6% dos registos de dados e as restantes classes têm uma percentagem muito baixa de ocupação nos dados. Existem muitas opções para tentar ultrapassar este problema, mas escolhemos as três seguintes

1. Amostragem estratificada
2. Reamostragem de dados (sobreamostragem ou subamostragem)
3. Experimentar diferentes algoritmos de classificação

Técnicas de classificação

Pensámos em implementar o algoritmo Naive Bayes para classificar este conjunto de dados, cuja implementação será explicada brevemente em secções posteriores. A razão para escolher o naive bayes é formar uma linha de base para comparar o desempenho da aprendizagem, e também não precisa de muitos dados para ter um bom desempenho. Como a distribuição das classes é desequilibrada, não podemos confiar na precisão da classificação como parâmetro para a estimativa do desempenho, porque mesmo classificando todos os registos como "1" obteríamos uma precisão de 89,8%. Por isso, considerámos incluir a matriz de confusão também como parâmetro para a estimativa do desempenho, de modo a podermos saber como são classificadas as classes com menos ocupação. Na implementação inicial do algoritmo naive bayes:

(i) O erro de classificação para este algoritmo ronda os 10% -14% e o algoritmo tem um desempenho muito fraco na classificação das classes de baixa ocupação 3, 4 e 5 no conjunto de teste.

(ii) Na última tentativa, tentámos utilizar a amostragem estratificada, embora esta modificação tenha reduzido o erro de classificação para 8%, a matriz de confusão implicou que o algoritmo melhorou a classificação das classes 1 e 2, mas continua a ter um fraco desempenho com as restantes classes.

(iii) Em seguida, utilizámos a sobreamostragem de dados para obter exemplos suficientes das classes 3, 4 e 5 para treinar, mas isto acabou por aumentar a taxa de erro. A tentativa seguinte consistiu em experimentar diferentes técnicas de classificação. Considerámos implementar o classificador de árvores de decisão, uma vez que a sua regra de divisão analisa a variável de classe utilizada na criação de árvores e pode forçar a abordagem de todas as classes [5]. Isto deu-nos uma precisão de cerca de 95,26% no conjunto de teste e a classificação das classes de baixa ocupação também é boa, o que será discutido em pormenor nas secções seguintes.

Implementação

Os algoritmos foram implementados em linguagem R.

Classificação Naive Bayes

1. O conjunto de dados é lido do conjunto de dados UCI como uma matriz no R

2. A caraterística blackandé removida da matriz por estar altamente correlacionada com a caraterística blackpix

3. Para a amostragem estratificada, dividir os dados em matrizes

individuais para cada classe. Recolha uma amostra dos dados de cada classe e divida-os em conjuntos de treino e de teste numa proporção de 4:1. Isto garante que cada classe é selecionada proporcionalmente nos conjuntos de treino e de teste

4. Os conjuntos de treino de todas as classes foram agrupados para formar um conjunto de treino unificado. Repetir o mesmo para os conjuntos de teste

5. Para a Reamostragem, optámos por sobreamostrar os dados, ou seja, repetir as amostras de dados das classes com baixa ocupação

6. Utilizar a variável "case" presente na secção de pré-processamento de dados do código R para verificar os diferentes métodos de tratamento de dados e o modelo de classificação dos respectivos dados

- Caso = 1 fornece um modelo de classificação com base numa amostragem aleatória do conjunto de dados original

- O caso = 2 fornece um modelo de classificação para a amostragem estratificada do conjunto de dados original

- Case=3 dá um modelo de classificação num conjunto de dados com amostragem excessiva

7. Após a preparação dos dados, estes são passados para a função classification_error_naive_bayes() para obter o vetor da classe prevista e o erro de classificação. Tanto os dados de treino como os dados de teste são passados para este método para observar como o modelo está a funcionar com os dados de teste

8. A matriz de confusão é construída para os dados de treino e de teste para verificar o desempenho do modelo ao classificar as classes com

baixa ocupação nos dados

Classificação por árvore de decisão

1. O conjunto de dados é lido do conjunto de dados UCI como uma matriz em R

2. Está dividido em 2 partes para treino e teste, com 80% das observações a irem para o conjunto de treino e 20% das observações a irem para o conjunto de teste.

3. A árvore foi construída utilizando o rpart e desenhada

4. Foi testado para ver se estava a ajustar-se excessivamente (o parâmetro de complexidade, cp, foi impresso), mas não se ajustou excessivamente, pelo que não foi necessário efetuar a poda. Os pontos de dados para este efeito são fornecidos na secção seguinte

5. O modelo construído a partir da rpart foi testado contra o conjunto de teste

6. A exatidão foi muito boa

7. A matriz de confusão foi traçada

Avaliação / Conclusões

Foram construídos conjuntos de teste e de treino separados a partir do conjunto de dados original para ambos os algoritmos.

Os modelos gerados a partir do algoritmo da árvore de decisão e do algoritmo de classificação Naive Bayes foram utilizados para classificar os dados no conjunto de teste.

Classificação de Naive Bayes

Construímos o modelo do classificador Naive Bayes para ser executado tanto nos conjuntos de dados de teste como nos de treino, uma vez que a taxa de erro foi de 7,35%% e 6,85% para o treino e o teste numa experiência aleatória.

A distribuição das classes nos conjuntos de dados de teste e de treino é:-

```
> #class distribution of data
> table(train.data[,10])

    1     2     3     4     5
 3937   255    25    68    93
> table(test.data[,10])

    1     2     3     4     5
  976    74     3    20    22
```

A taxa de erro do modelo nos conjuntos de dados de teste e de treino e a matriz de confusão:-

```
> #error rates on training and test sets
> train.error
[1] 0.07354957
> test.error
[1] 0.06849315
>
> #confusion matrices on both training and test sets
> confusion_matrix_train = conf_mat(yhat.train, train.data[,10])
> confusion_matrix_test = conf_mat(yhat.test, test.data[,10])
> confusion_matrix_train
     [,1] [,2] [,3] [,4] [,5]
[1,] 3774   22    5   91   45
[2,]   69  162    0   21    3
[3,]    8    0   17    0    0
[4,]    1    1    1   64    1
[5,]   45    1    5    3   39
> confusion_matrix_test
     [,1] [,2] [,3] [,4] [,5]
[1,]  869   41    8   35   23
[2,]   63    3    0    7    1
[3,]    2    0    1    0    0
[4,]   16    1    0    2    1
[5,]   18    1    0    3    0
>
```

Podemos ver que, embora a precisão da classificação seja

6,8% para o conjunto de teste, a matriz de confusão mostra que a classificação das classes 2, 3, 4 e 5 é muito fraca.

Árvore de decisão

O parâmetro de complexidade impresso para a decisão tem o seguinte aspeto

```
> printcp(model)

classification tree:
rpart(formula = trainset$V11 ~ ., data = as.data.frame(trainset)
    method = "class", minbucket = 5)

variables actually used in tree construction:
[1] V1 V2 V4 V5 V7

Root node error: 439/4378 = 0.10027

n= 4378

          CP nsplit rel error  xerror     xstd
1  0.362187      0   1.00000 1.00000 0.045271
2  0.132118      1   0.63781 0.63781 0.036878
3  0.084282      2   0.50569 0.50569 0.033068
4  0.050114      3   0.42141 0.42597 0.030477
5  0.038724      4   0.37130 0.40547 0.029767
6  0.036446      5   0.33257 0.35763 0.028026
7  0.020501      6   0.29613 0.30524 0.025962
8  0.015945      7   0.27563 0.31207 0.026242
9  0.011390      9   0.24374 0.28018 0.024906
10 0.010000     10   0.23235 0.27790 0.024807
> plotcp(model)
```

O parâmetro de complexidade também foi traçado e teve o seguinte aspeto:-

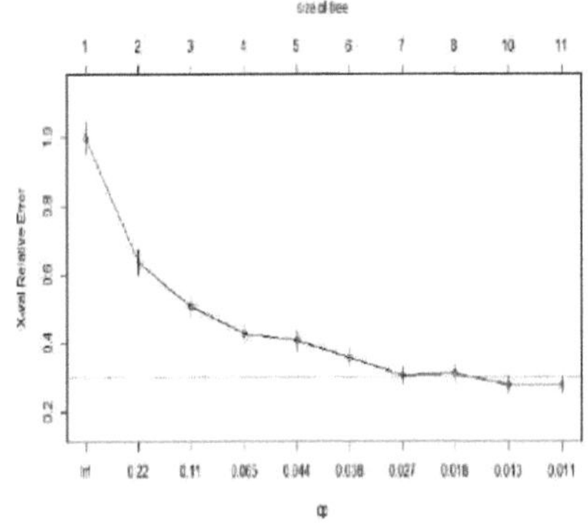

O gráfico acima explica como a taxa de erro relativo diminui com o tamanho da árvore. A partir do gráfico acima, também é evidente que a árvore não está a ajustar-se excessivamente, uma vez que a taxa de erro relativa continua a diminuir com o tamanho da árvore. Além disso, a exatidão alcançada numa experiência aleatória (mudará sempre, uma vez que recolhemos amostras da distribuição antes de criar conjuntos de dados de treino e de teste) foi de 95,26%.

A matriz de confusão para esta experiência tinha o seguinte aspeto:-

```
> class.pred

     1    2   3    4    5
1  960   10   8    3   15
2    9   49   0    0    0
3    0    0   1    0    0
4    1    2   0   19    0
5    4    0   0    0   14
>
```

A partir da matriz de confusão, é evidente que a classificação em 2, 3, 4 e 5 classes melhorou bastante quando comparada com a de naive-bayes algoritmo.

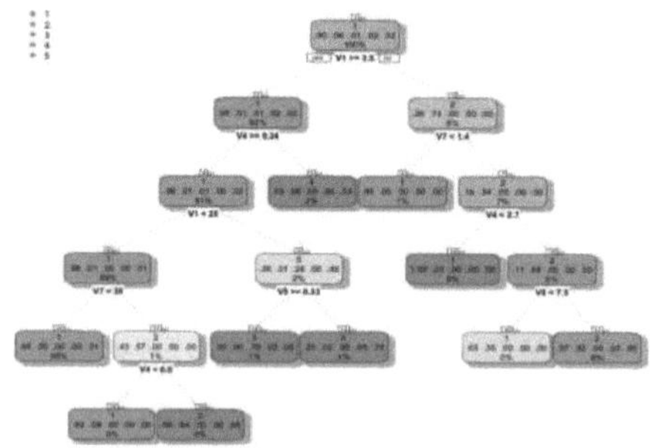

DISCUSSÃO

Tanto o Naive Bayes como a Árvore de decisão têm os seus próprios méritos e deméritos. No caso do Naive Bayes, é necessário treinar o classificador manualmente, enquanto no caso da árvore de decisão o classificador selecciona os melhores atributos através da análise da tabela. Por isso, haverá situações em que é necessário tomar uma decisão muito objetiva e o Naive Bayes terá um desempenho pior do que a árvore de decisão, como no nosso caso acima. No entanto, se a decisão tiver de ser tomada numa situação subjectiva em que é necessário analisar muitas variáveis, Naive Bayes terá um bom desempenho e a árvore de decisão poderá ter um desempenho fraco, por exemplo, prever o resultado de um jogo de póquer, uma vez que a árvore de decisão poderá podar os ramos que conduzem a alguns resultados e, obviamente, quando o modelo for testado, as observações que conduzem a essas classes serão mal classificadas. No nosso caso, o classificador Naive Bayes tentou aprender o modelo na classe que tem maior distribuição nos dados, o que resultou numa má classificação das restantes classes disponíveis. Já a Árvore de Decisão teve em consideração todas as classes para gerar as regras de divisão, o que acabou por levar o modelo a abordar todas as classes numa divisão. Isto não só resultou numa boa exatidão da classificação, mas também num melhor desempenho nas classes que têm menos ocupação no conjunto de dados.

CONCLUSÃO

Concluímos a partir das nossas experiências que, para este conjunto de dados, o algoritmo da Árvore de Decisão deu uma precisão de classificação muito melhor do que o algoritmo de classificação Naive Bayes.

TRABALHO FUTURO

No futuro, podemos implementar algoritmos Boosting no conjunto de dados para ver se aumenta a precisão da classificação. Também podemos implementar um SVM multi-classe neste conjunto de dados e avaliá-lo em relação a outros algoritmos. Também podemos aplicar técnicas para resolver o problema do desequilíbrio nas distribuições das classes e, em seguida, executar novamente todos os algoritmos para ver em que medida afecta a classificação.

CAPÍTULO 4

ENCAMINHAMENTO DE POTÊNCIA MULTICAST MULTIPATH

Resumo - O tráfego multicast na Internet está a crescer rapidamente com o aumento do número de aplicações exigidas, ou seja, difusão na Internet, videoconferências, audioconferências, aplicações de fluxo de dados e distribuição na Web. O balanceamento de carga é um método específico para realizar a engenharia de tráfego de rede, que lida com o problema de atribuir a carga de tráfego a caminhos pré-estabelecidos para satisfazer determinados requisitos de entrega. A nossa atenção centra-se nos efeitos do balanceamento de carga do tráfego multicast numa rede intra-domínio e numa rede inter-domínio. A solução proposta consiste em distribuir de forma óptima o tráfego ao longo de árvores multicast. No entanto, a solução abrange o caso em que todas as fontes estão desactivadas e apenas uma fonte ativa na rede. Além disso, parte-se do princípio de que está disponível o gradiente de uma função de custo analítica, que é continuamente diferenciável e estritamente convexa. Estes pressupostos podem não ser razoáveis devido à natureza dinâmica do multicast redes. A proposta deste trabalho é mostrar um algoritmo de roteamento baseado em medições para balancear a carga do tráfego intra-domínio ao longo de múltiplos caminhos na rede para múltiplas fontes multicast. Os múltiplos caminhos são estabelecidos usando a sobreposição da camada de aplicação. O algoritmo é derivado da aproximação estocástica de perturbação simultânea e baseia-se apenas em estimativas ruidosas de medições.

1. INTRODUÇÃO

O tráfego multicast na Internet ou na intranet está a crescer constantemente com o aumento do número de aplicações exigentes, incluindo a difusão na Internet, as videoconferências, as conferências áudio, as aplicações de fluxo de dados e as aplicações Web [1]. Muitas destas aplicações requerem garantias e exigem que a rede seja utilizada de forma mais eficiente do que a abordagem atual para satisfazer a taxa de requisitos. O mapeamento de tráfego é um dos métodos mais poderosos e específicos para efetuar o tráfego, que lida com o problema de atribuir a carga de tráfego da rede a caminhos pré-estabelecidos para satisfazer determinados requisitos. A nossa pesquisa bibliográfica incide sobre os trabalhos existentes em matéria de encaminhamento multicast com restrições de potência.

[2],[3],[4],[5],[7].Propõe-se uma solução para distribuir de forma óptima o tráfego com múltiplas árvores multicast numa rede distribuída. No entanto, a solução abrange todos os casos em que existe apenas uma fonte ativa na rede e todas as outras fontes estão desactivadas. Assume-se que a função gradiente está disponível, que é continuamente diferenciável e estritamente convexa na rede. Estes pressupostos podem não ser razoáveis em redes ADHOC móveis multicast multipath devido à natureza dinâmica das redes. [8], [9], [11].

Embora abordem o problema sob uma arquitetura mais simples, o carácter prático destas soluções é limitado devido ao pressuposto de que a rede não tem perdas. Além disso, a perda de um pacote é, na verdade, muito mais onerosa quando se utiliza a codificação de rede, uma vez que afecta potencialmente a descodificação de um grande número de outros pacotes relacionados. Além disso, qualquer fator que altere os valores de fluxo mínimo e máximo entre uma origem e um destino exige que o código seja atualizado em todos os nós em simultâneo, o que acarreta um elevado nível de complexidade e de coordenação entre eles. A proposta deste artigo apresenta um algoritmo de encaminhamento distribuído de melhor desempenho para equilibrar a carga ao longo de múltiplos caminhos para múltiplas redes multicast. O nosso algoritmo baseado em medições nunca assume a existência do gradiente de uma função analítica que depende do custo e é inspirado no algoritmo de encaminhamento unicast que depende da Aproximação Estocástica Perturbada (SPSA). Além disso, abordamos o algoritmo de encaminhamento multicast multipercurso ótimo num quadro mais geral do que ter várias árvores numa sessão. Consideramos diferentes modelos de rede com diferentes funções. [13]

2. MULTICASTING MULTIPATH

O esquema proposto consiste no multicast de vídeo em múltiplos caminhos através de redes sem fios. É composto por duas partes. A primeira parte consiste em dividir o vídeo em várias partes e transmitir cada parte por um caminho diferente. Na segunda parte, utiliza-se o método multicast para transmitir os pacotes de vídeo a todos os nós. Neste esquema, assumimos que a rede está pouco carregada, ou seja, a mobilidade e as más condições do canal, e não o congestionamento, são as principais razões para a queda de pacotes. Começamos por mostrar a viabilidade de multicasts de múltiplos caminhos e, em seguida, passamos a descrever formas de encaminhar pacotes através de múltiplos caminhos. O método proposto tem três etapas básicas: descoberta do caminho mais curto, manutenção do caminho e transmissão de dados.

2.1 Descoberta da rota

O primeiro critério no meio sem fios é descobrir as rotas disponíveis e estabelecê-las antes de transmitir para a rede. Para o compreender melhor, vejamos o exemplo que se segue. A arquitetura abaixo é constituída por 11 nós, dos quais dois são a origem e o destino e os outros serão utilizados para a transmissão de dados. A seleção do caminho para a transmissão de dados é feita com base na disponibilidade dos nós na região, utilizando a rede ADHOC a pedido do algoritmo de encaminhamento do vetor de distância. Ao utilizar o protocolo Ad hoc on Demand Distance Vetor routing, as rotas são criadas a pedido, ou seja, apenas quando é necessária uma rota para a qual não existe um "NEW", também designado por registo recente na tabela de encaminhamento. Para facilitar a determinação da atualidade das informações de encaminhamento, o AODV mantém o tempo decorrido desde a última utilização de uma entrada. Uma entrada na tabela de encaminhamento é "expirada" após um certo tempo pré-determinado, que é o tempo limite. Consideremos que todos os nós estão na posição. Agora, o caminho mais curto deve ser determinado através da implementação do protocolo de encaminhamento AODV (Ad hoc on Demand Distance Vetor) no ambiente de simulação sem fios.

2.2 ManutençãoSobre o trajeto

No algoritmo de rede multicast, o passo seguinte é a manutenção destas rotas, que é igualmente importante na sessão. A fonte tem de monitorizar continuamente a posição dos nós para se certificar de que os dados estão a ser transportados pelo caminho específico até ao destino sem qualquer perda. Em qualquer caso, se a posição dos nós mudar e a fonte não tomar nota disso, os pacotes perder-se-ão e acabarão por ser reenviados.

2.3 Transmissão de dados A

A seleção do caminho, a manutenção e a transmissão de dados são os principais processos que ocorrem em segundos na transmissão em tempo real. Assim, as vias atribuídas a priori são utilizadas para a transmissão de dados através de uma rede. O caminho anterior ou o primeiro caminho atribuído anteriormente é agora utilizado para a transmissão de dados. Os dados são transferidos através do caminho destacado, ou seja, do caminho mais escuro. O segundo caminho selecionado é agora utilizado para a transmissão de dados.

Os dados são transferidos através do caminho destacado.3. MULTIPATH MULTICASTING UTILIZANDO O ALGORITMO DE POTÊNCIA

As MANET podem ser constituídas por nós que não podem ser recarregados num período de tempo específico e esperado, pelo que a conservação de energia é crucial para manter o tempo de vida desse nó. Nas redes constituídas por estes nós, em que é impossível recarregar a energia dos nós, as técnicas de encaminhamento eficiente em termos de energia, bem como a difusão eficiente de dados entre os nós, são cruciais nessa rede.

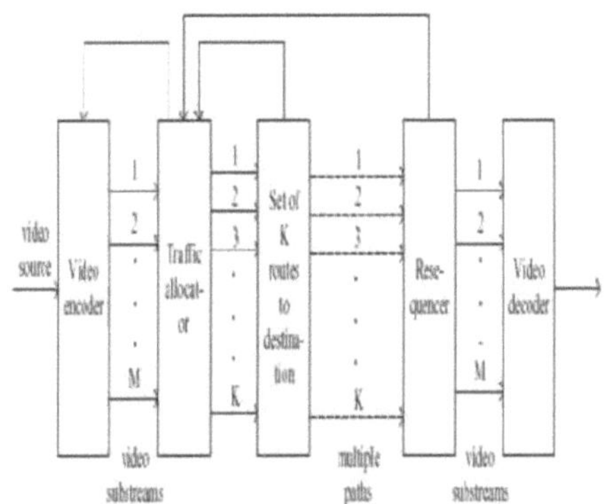

Fig: 1 Encaminhamento de energia multicast multipath

A forma de difusão direccionada é a abordagem de encaminhamento a pedido. Foi concebida tendo em vista a eficiência energética, pelo que só cria um caminho se existirem dados entre uma fonte e um sumidouro, ou seja, o destino. No entanto, a principal desvantagem do esquema, em termos de eficiência energética, é a inundação periódica de dados. A fim de evitar a sobrecarga de inundação, propõe a configuração e a manutenção, bem como o desempenho de caminhos alternativos com antecedência, utilizando uma técnica de configuração de caminhos localizados.

4. AVALIAÇÃO EXPERIMENTAL DO POWER AWARE EM MULTICASTING MULTIPERCURSO

Nestes algoritmos locais propostos, os nós da rede tomam decisões de encaminhamento com base apenas na sua própria localização na rede, na localização do destino e na localização dos seus vizinhos. Os algoritmos localizados são algoritmos distribuídos em que o simples comportamento local dos nós atinge um objetivo global desejado [12]. Os algoritmos não localizados são aqueles em que os nós necessitam de ter um conhecimento completo de todos os nós da rede, bem como das respetivas arestas. Nas redes móveis ad hoc, os nós estão sempre em movimento e pode haver vários nós a sair e a entrar na rede num dado momento. Manter um registo de todos estes nós e das suas arestas correspondentes é complicado e exige uma enorme sobrecarga. Para evitar esta situação, é necessário ter em conta a carga restante da bateria de cada nó [10].

4.1 Algoritmos de encaminhamento e métricas de consciência de potência existentes

Existem muitas métricas de energia e de custos. As duas principais são o encaminhamento consciente da potência. Neste caso, a potência de transmissão depende da distância entre a origem e o destino numa determinada rede. Encaminhamento consciente dos custos: Neste caso, as decisões de encaminhamento são tomadas com base no tempo de vida restante dos nós na rede multicast entre a origem e o destino.

4.20 ur Algoritmo proposto de consciência de potência

O algoritmo proposto e os factores ou impactos considerados para a realização desta experiência estendem o algoritmo eficiente em termos de custos de energia para implementar restrições temporais. Os resultados do algoritmo de eficiência em termos de custos de energia mostram que o seu desempenho é melhor quando o grafo é denso. Numa rede de grandes dimensões, um nó terá um grande número de vizinhos nessa rede. O tempo de computação para calcular o custo mínimo de potência entre os vizinhos dos nós é quadrático ou exponencial (dependendo do algoritmo utilizado, potência+custo ou potência*custo). Para diminuir este tempo de computação, introduzimos um valor limite para a energia restante da bateria dos nós.

O nosso algoritmo proposto modificado Limiar = 50%; sucesso = 0; corte = 10% Condição inicial A: = S;

Repeat,

If g(A) >= threshold then

B := A; // it show same values

Let A be neighbor of B that minimizes

//pc-power cost

pc(B,A) = power-cost(B,A) + v(s)f,,(A);

Send message to A; Success = 1;

Until

A = D /* Destination reached */

Or if success <> 1 then

If threshold > cutoff then, Threshold = threshold /2;

Or A = B /* Delivery failed */;

5. ANÁLISE DOS RESULTADOS DA NOSSA ABORDAGEM DO MODELO DE POTÊNCIA MULTICAST MULTIPERCURSO

Realizámos experiências com a topologia de rede intra-domínio. É uma aproximação para analisar o desempenho do nosso algoritmo de encaminhamento nestas condições, uma vez que descobertas recentes sugerem que muitos ISPs estão a aumentar a conetividade dos nós das suas redes na Internet. Cada ligação tem uma largura de banda de 20

Mbps. A topologia tem 3 fontes que enviam simultaneamente tráfego multicast dentro dessa rede, sendo que cada fonte tem

18 receptores e os nós 10 e 23 são seleccionados como nós de sobreposição adicionais. Cada grupo origem-destino tem três caminhos, incluindo o caminho min-hop que começa no nó de origem, e cada fonte gera tráfego Poisson com uma taxa média de 10 Mbps. O algoritmo de encaminhamento parte do pressuposto de que todas as taxas de sobreposição, com exceção dos nós de origem, estão definidas como modelo, o algoritmo começa com o encaminhamento unicast básico para chegar a cada um dos destinos. Começa com uma única árvore multicast multipath de caminho mais curto enraizada em cada nó de origem e transfere o tráfego para árvores alternativas enraizadas nos nós de sobreposição 10 e 23.

6. CONCLUSÃO

O multicast power aware proposto identifica as características do algoritmo de encaminhamento proposto. Avalia o seu desempenho em várias condições de rede. Cada gráfico apresentado ilustra a média de 10 execuções independentes que são iniciadas com diferentes sementes aleatórias. Para o algoritmo de otimização, a função de custo da ligação é selecionada e introduzida. Em todas as simulações, o período de medição do estado da ligação é selecionado como um segundo. Consequentemente, os nós de origem podem atualizar as suas taxas, na melhor das hipóteses, aproximadamente a cada dois segundos, uma vez que são necessárias duas medições para estimar o vetor gradiente de acordo com o algoritmo de potência modificado. Para simplificar, a taxa de redundância devida à codificação da fonte é fixada em zero. Concluímos, assim, que é possível descobrir facilmente a eficiência energética do multicast multipercurso numa rede ADHOC móvel.

CAPÍTULO 5

ROSA: UM PASSO MAIS PERTO DE UM MUNDO MAIS SEGURO

O número de utilizadores de telemóveis inteligentes no nosso país está a aumentar rapidamente. Todos sabemos que os telemóveis inteligentes podem ser utilizados tanto para fins pessoais como para outros fins relacionados com a segurança. A segurança das mulheres é um dos principais motivos de preocupação no nosso país. O principal problema que se coloca é o facto de as pessoas e a polícia não serem capazes de responder rapidamente aos pedidos de socorro. Outro problema é o facto de a localização da vítima não ser conhecida, o que torna tudo ainda mais difícil. Para ultrapassar estes problemas, este documento apresenta a Pink, uma aplicação Android para a segurança das mulheres no nosso concelho. Uma caraterística adicional e única desta aplicação é o envio de uma mensagem de alerta e de um sinal sonoro para os seus contactos de emergência, bem como para as pessoas num raio de 1 km da vítima. Isto aumenta ainda mais as hipóteses de salvar a vítima.

I. INTRODUÇÃO

Ao longo dos anos, tem-se verificado que a percentagem de segurança das mulheres na Índia está a diminuir de dia para dia, e que nenhuma mulher no nosso país está segura a qualquer hora do dia. As estatísticas dizem que cerca de 92 mulheres são violadas na Índia todos os dias. A polícia não pode ajudar a vítima durante o crime, uma vez que não sabe onde ela se encontra. Com o aumento do número de crimes hediondos contra as mulheres de dia para dia, é evidente que é necessário um método para concentrar e resolver este problema.

O Pink é uma tentativa de proporcionar segurança às mulheres no nosso país, permitindo que as mulheres façam uma chamada de emergência para os seus amigos e familiares. A única caraterística diferente nesta aplicação seria que a vítima pode até contactar com as pessoas num raio de 1 km da sua localização. Adicionámos uma caraterística muito distintiva que é a campainha que tocaria quando houvesse um pedido de ajuda. Isto ajudaria a chamar a atenção do utilizador imediatamente. Com a campainha, é enviada uma mensagem de alerta de emergência para os contactos de emergência da vítima, bem como para as pessoas num raio de 1 km, com o endereço de localização da vítima e o URL da localização, o que ajudaria

obtém-se a localização exacta. Uma caraterística única desta aplicação é o facto de a campainha continuar a tocar num volume elevado nos telemóveis, mesmo quando estão em modo de reunião, e continuar a tocar durante cerca de dois minutos, a menos que o utilizador não clique manualmente no botão "dismiss".

DIAGRAMA DE ARQUITECTURA

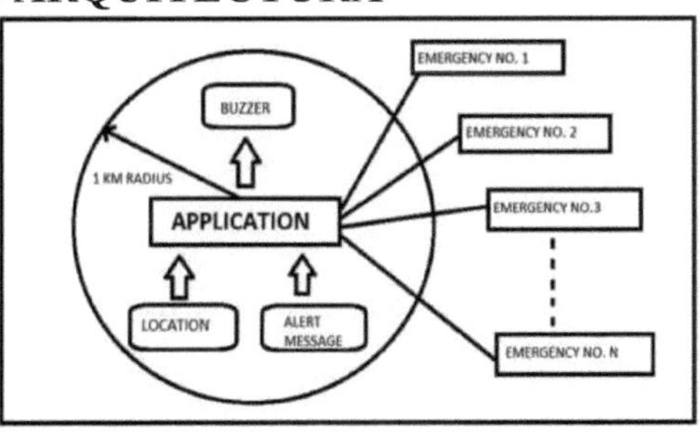

Figura 1. Diagrama de arquitetura do PINK

Descrição do diagrama de arquitetura : A figura acima mostra a visão arquitetónica da aplicação. O diagrama abrange toda a funcionalidade da aplicação, que inclui a localização GPS, a mensagem de alerta e a funcionalidade da campainha. A aplicação envia os serviços acima mencionados para os contactos de emergência e para os utilizadores da aplicação num raio de 1 km. Isto ajuda a contactar a vítima o mais rapidamente possível.

II. Antecedentes técnicos

Plataforma utilizada: Neste trabalho, estamos a utilizar a plataforma de software denominada Android Studio, que nos ajuda a criar aplicações que são normalmente baseadas no android e que são compatíveis com todas as versões do android.

API's: Estamos a utilizar três APIs diferentes
1) API do Google maps
2) API Aadhaar
3) API de alojamento do servidor

API do Google maps - esta API ajuda-nos a detetar a localização do utilizador e a enviar a localização para as vítimas.

API Aadhaar **- esta** API é utilizada para identificar o utilizador. O número Aadhaar é único para cada pessoa, pelo que nenhuma outra pessoa o pode utilizar.

API de alojamento do servidor - esta API é utilizada para alojar o
base de dados globalmente para que se torne dinâmica.
Base de dados: A linguagem My SQL é utilizada para controlar o back end
da aplicação.

III. Sistema atual

Estas são as seguintes características que estão presentes nas aplicações de
segurança para mulheres existentes.

1) As aplicações de segurança para mulheres existentes fornecem a
localização da vítima aos contactos de emergência.

2) Envio de mensagem de emergência com a localização com o clique de
um botão ou qualquer outro gesto possível no telemóvel.

3) Fazer chamadas falsas para os contactos de emergência como sinal de
alerta.

4) Uma voz aguda é enviada para os contactos de emergência, agitando o
seu telefone.

IV. Sistema proposto

Propomos o sistema melhorando as características das aplicações
existentes:

1) Ao premir um botão, a campainha toca no telefone da vítima, bem
como nos telefones dos contactos de emergência.

2) O sinal sonoro também toca nos telemóveis dos utilizadores que se

encontrem a cerca de 1 km da vítima.

3) A localização GPS com o endereço também é enviada para o mesmo.
Esta funcionalidade melhora as funcionalidades existentes e aumenta a
credibilidade da aplicação, tornando-a diferente das existentes.

V. Os nossos trabalhos / Investigação

Para melhorar a qualidade dos serviços prestados por esta aplicação,
fizemos um inquérito relacionado com o trabalho e encontrámos algumas
aplicações com o mesmo objetivo que a nossa aplicação.

A.   Abhaya : (Uma aplicação androide para a segurança das mulheres)
     Com um simples clique nesta aplicação, será enviado um SMS com a
     localização da vítima para os contactos de emergência fornecidos pelo
     utilizador no momento do registo.

     Além disso, as mensagens enviadas para este número serão enviadas
     continuamente durante 5 minutos até que se prima um botão de paragem.
     Outra caraterística é que a aplicação efectua automaticamente uma
     chamada para o primeiro contacto de emergência fornecido pelo
     utilizador.
B.   WoSAp : (Uma aplicação móvel para as mulheres
     Segurança)
     Com a ajuda desta aplicação, qualquer mulher que se encontre em perigo
     pode telefonar diretamente para a polícia. Uma mensagem com a

localização da utilizadora e os dados de contacto que já foram fornecidos pela utilizadora durante o registo é automaticamente enviada para a polícia. A mulher pode fazer a chamada abanando o telemóvel ou premindo um botão PANIC no ecrã. Embora estas sejam algumas das aplicações que têm o mesmo objetivo que a nossa, a nossa aplicação tem algumas características adicionais que são

A. Facilidade da campainha: Ao premir um botão de alerta, uma campainha começará a soar no telefone da vítima, bem como nos telefones das pessoas cujo número é mencionado na lista de contactos de emergência durante o registo na aplicação.

B. URL de localização: Mesmo que o telemóvel não tenha acesso à Internet, esta aplicação é capaz de enviar uma mensagem que contém o URL da localização da vítima.

C. Alertar as pessoas próximas: Esta é uma das características mais importantes da nossa aplicação. Será enviada uma mensagem às pessoas que se encontrem num raio de 1 km da vizinhança com um URL de localização e a campainha começará a tocar nos seus telemóveis.

Nível de risco: O nível de risco é muito baixo para a nossa aplicação. Esta aplicação não pode ser utilizada quando não há rede disponível. Se o GPS do utilizador não estiver ativado, a localização da vítima não será enviada para os contactos de emergência.

VI. Conclusão

Neste capítulo, descrevemos a "Pink", uma aplicação Android de segurança para mulheres. Esta aplicação permite ao utilizador enviar um alerta para os contactos de emergência pré-seleccionados. O alerta pode ser enviado premindo o botão fornecido na aplicação. Assim que o utilizador pressiona o botão, o sinal sonoro começa a tocar nos telemóveis dos contactos de emergência e a localização GPS é enviada para os contactos. Uma caraterística importante desta aplicação é que as pessoas num raio de 1 km que a utilizem também serão alertadas. Além disso, a interface da aplicação é fácil de utilizar. Assim, a vítima pode ser resgatada o mais rapidamente possível de condições inseguras.

VII.   Âmbito futuro

O âmbito futuro deste projeto é tão elevado como a manutenção da segurança e será sempre aconselhável. Uma vez que as aplicações móveis estão a ser utilizadas com maior frequência, a aplicação de segurança para mulheres será certamente uma escolha das pessoas. Além disso, os serviços fornecidos na aplicação aumentam a popularidade e a utilização. Este projeto pode até prever os locais seguros e os locais não seguros nas fases posteriores de implementação.

CAPÍTULO 6

PROCESSAMENTO SEGURO DE CONSULTAS KNN EM AMBIENTES DE NUVEM CONFIÁVEIS

Resumo: - Hoje em dia, os dispositivos sem fios que dispõem de uma função de geoposicionamento como o GPS permitem que os utilizadores forneçam informações sobre a sua localização atual. Os utilizadores estão interessados em consultar a sua localização física, como restaurantes, faculdade, casa, etc. Esses dados podem ser importantes devido à sua informação. Além disso, armazenar regularmente essas informações relevantes para os utilizadores é uma tarefa fastidiosa, pelo que o autor dessas informações só permite o acesso aos dados aos utilizadores pagantes. Os utilizadores enviam a sua própria localização como parâmetro de consulta e pretendem aceitar como resultado a posição mais próxima, ou seja, os vizinhos mais próximos (NNs). No entanto, os actuais proprietários dos dados não possuem os conhecimentos técnicos necessários para suportar a consulta processada de um grande volume de dados, pelo que subcontratam o armazenamento de informações e a consulta a um conjunto de dados principal. Existem muitos fornecedores de serviços de computação em nuvem que oferecem estruturas computacionais e de armazenamento potentes a baixo custo. No entanto, esses fornecedores de conjuntos de dados não são totalmente fiáveis e, normalmente, comportam-se de forma causal. Especificamente, utilizam algumas regras para responder perfeitamente às consultas, mas também recolhem as localizações dos utilizadores e dos assinantes para outras utilizações. Dar esta informação sobre as localizações pode levar a violações da

segurança e a perdas financeiras para o fornecedor de dados, para quem o conjunto de dados é uma importante fonte de receitas. A importância das localizações dos utilizadores leva à perda de privacidade e pode fazer com que os assinantes deixem de utilizar o serviço. Neste documento, propomos um conjunto de ideias que permitem consultas de NN numa estrutura externalizada não segura, ao mesmo tempo que garantem a segurança da localização e das posições dos utilizadores consultados. As nossas ideias centram-se no único método seguro de encriptação com preservação da ordem que é conhecido até à data. Também fornecemos medidas de desempenho para reduzir o custo de processamento inerente ao processamento de dados seguros e consideramos o problema da atualização incremental destes conjuntos de dados. Apresentamos uma extensa medição do desempenho das nossas ideias para ilustrar a sua utilização na prática. Palavras-chave - privacidade da localização, bases de dados espaciais, externalização de bases de dados, codificação mutável que preserva a ordem.

I. INTRODUÇÃO

O aparecimento de dispositivos móveis com conetividade rápida à Internet e capacidades de geoposicionamento levou a uma revolução nos serviços personalizados baseados na localização (LBS), em que os utilizadores podem aceder a informações sobre pontos de interesse (POI) que são relevantes para os seus interesses e que também estão próximos das suas coordenadas geográficas. Provavelmente, o tipo mais importante de consultas que envolvem atributos de localização é representado pelas consultas do vizinho mais próximo (NN), em que um utilizador pretende obter os k POIs (por exemplo, restaurantes, museus, bombas de gasolina) que estão mais próximos da localização atual do utilizador (kNN). Uma grande quantidade de investigação centrou-se na realização eficiente de tais consultas, utilizando normalmente algum tipo de indexação espacial para reduzir o custo computacional [1]. A questão da privacidade das localizações dos utilizadores também mereceu uma atenção significativa no passado. Note-se que, para que os NNs sejam determinados, os utilizadores têm de enviar as suas coordenadas para o LBS. No entanto, os utilizadores podem ter relutância em divulgar as suas coordenadas se o LBS puder recolher vestígios da localização do utilizador e utilizá-los para outros fins, como a definição de perfis, anúncios não solicitados, etc. Para dar resposta às necessidades de privacidade dos utilizadores, foram propostos vários protocolos que retêm, parcial ou totalmente, as informações de localização dos utilizadores ao LBS. Por exemplo, o trabalho em [16, 17, 18, 19] substitui as localizações por regiões de camuflagem maiores que se destinam a impedir a divulgação do paradeiro exato do utilizador. No entanto, o LBS pode ainda obter informações sensíveis a partir das regiões camufladas, pelo que outra linha de investigação que utiliza proteção criptográfica foi iniciada em [7] e continuada em [8,9]. A ideia principal é alargar os protocolos existentes de Private Information Retrieval (PIR) para conjuntos binários ao domínio espacial e permitir que o LBS devolva o NN aos utilizadores sem aprender qualquer informação sobre a localização dos utilizadores. Este método serve bem o seu objetivo, mas pressupõe que os pontos de dados reais (ou seja, os pontos de interesse) estão disponíveis em texto simples para o LBS.

Este modelo só é adequado para aplicações de interesse geral, como o

Google Maps, em que os pontos de referência no mapa representam informação pública, mas não consegue lidar com cenários em que os pontos de dados têm de ser protegidos do próprio LBS. Mais recentemente, surgiu um novo modelo de partilha de dados, em que várias entidades geram ou recolhem conjuntos de dados de PI que cobrem determinados nichos de interesse, como segmentos específicos de artes, entretenimento, viagens, etc. Por exemplo, existem canais de redes sociais que se centram em hábitos de viagem específicos, como o turismo ecológico, produções teatrais experimentais ou géneros musicais underground. Os conteúdos gerados são frequentemente marcados geograficamente, por exemplo, relacionados com os próximos eventos artísticos, espectáculos, destinos de viagem, etc. No entanto, é provável que os proprietários dessas bases de dados sejam pequenas organizações, ou mesmo indivíduos, e não tenham a capacidade de alojar os seus próprios serviços de processamento de consultas. Esta categoria de proprietários de dados pode beneficiar muito com a subcontratação dos seus serviços de pesquisa a um fornecedor de serviços em nuvem. Além disso, esses serviços também poderiam ser oferecidos como componentes de plug-in em motores de redes sociais operados por grandes empresas do sector. Devido à especificidade desse conjunto de dados, a recolha e manutenção dessas informações é uma tarefa fastidiosa, e alguns dos dados podem ser importantes por natureza. Por exemplo, certos grupos de activistas podem não querer divulgar os seus eventos ao público em geral, devido à preocupação de que grandes empresas ou governos opressivos possam intervir e comprometer as suas actividades. Do mesmo modo, alguns grupos podem preferir manter os seus conjuntos de dados geo-marcados confidenciais e apenas acessíveis a utilizadores subscritos de confiança, por receio de reacções adversas de grupos populacionais mais conservadores. É importante proteger estes dados junto do fornecedor do conjunto de dados. Embora devido a uma visão económica por parte do fornecedor de dados, os utilizadores subscritores serão cobrados pelo serviço com base num modelo de resultados em papel. Por exemplo, um assinante que peça resultados kNN pagará por k itens e não deverá receber mais do que k resultados. Assim, os métodos de consulta aproximados, como as técnicas existentes [5], que dão muitos resultados falsos nos resultados reais, não são adequados. Neste artigo, propomos mais ideias que permitem o processamento de consultas NN numa estrutura terceirizada não autorizada, ao mesmo tempo que asseguram tanto a localização como as posições dos utilizadores. As nossas ideias trabalham com a codificação mutável que preserva a ordem (mOPE) [6], que garante a capacidade de distinção sob ataque de texto simples escolhido ordenado (IND-OCPA) [11,12]. Também fornecemos optimizações de desempenho para reduzir o custo de execução relacionado com o processamento em dados protegidos e consideramos o caso de conjuntos de dados continuamente actualizados.

Inspirados por trabalhos anteriores em [7, 9] que juntaram encriptação e estruturas de dados geométricos que permitem um processamento eficiente de consultas NN, investigamos a utilização de diagramas de Voronoi e triangulações de Delaunay [1] para resolver este problema de proteção de consultas kNN externalizadas. Propomos que os trabalhos anteriores considerem que o conteúdo do gráfico de Voronoi [7, 9] está disponível para o fornecedor do conjunto de dados
em texto simples, enquanto no nosso caso o processamento é efectuado

inteiramente em textos cifrados, o que constitui um problema muito mais difícil. As nossas contribuições específicas são:

(i) Propomos o método VD-kNN para consultas NN seguras, que funciona através do processamento de gramas Voronoidia encriptadas. O método devolve resultados exactos, mas é dispendioso para k>1 e pode impor uma carga pesada ao proprietário dos dados. (ii) Para resolver as limitações do VD-kNN, introduzimos o TkNN, um método que funciona através do processamento de triangulações de Delaunay encriptadas, suporta qualquer valor de k e diminui a carga do proprietário dos dados. O TkNN fornece resultados de consulta exactos para k=1, mas quando k>1 os resultados que devolve são apenas aproximados. No entanto, mostramos que, na prática, a precisão é elevada.

(iii)   Descrevemos um mecanismo para atualizar diagramas de Voronoi encriptados e triangulações de Delaunay que nos permite lidar eficientemente, de forma incremental, com conjuntos de dados em mudança.

(iv)   Propomos optimizações de desempenho baseadas na indexação espacial e na computação paralela para diminuir a sobrecarga computacional das técnicas propostas.

(v)   Por último, apresentamos uma avaliação experimental exaustiva das técnicas propostas e das suas

Optimizações, o que mostra que os métodos propostos se adaptam bem a grandes conjuntos de dados e superam claramente os concorrentes.

II.TRABALHOS RELACIONADOS

A proteção dos dados de localização é um problema importante não só no cenário dos serviços de pesquisa subcontratados, mas também numa variedade de

também noutros contextos. Por exemplo, foram investigadas duas abordagens para a proteção da localização no contexto de consultas privadas a serviços baseados na localização (LBS). O objetivo neste caso é permitir que um utilizador que efectua uma consulta recupere o seu vizinho mais próximo de um conjunto de pontos de interesse públicos sem revelar a sua localização ao LBS. A primeira abordagem consiste em utilizar regiões de camuflagem (CRs) [16-19]. A maioria das soluções baseadas em CR implementa o paradigma do k-anonimato espacial e assume uma arquitetura de três níveis em que um anonimizador de confiança se situa entre os utilizadores e o servidor LBS e gera regiões rectangulares que contêm pelo menos k localizações de utilizadores. Esta abordagem é rápida, mas não é segura no caso de anomalias. A segunda abordagem utiliza protocolos de recuperação de informação privada (PIR) [7, 9]. Os protocolos PIR permitem que os utilizadores recuperem um objeto de um conjunto X= { ,

, ... , } armazenado por um servidor,

sem que o servidor saiba o valor de i. O trabalho em [7, 9] estende um protocolo PIR existente para dados binários ao domínio LBS e propõe protocolos de vizinho mais próximo aproximados e exactos. A última abordagem é comprovadamente segura, mas é dispendiosa em termos de sobrecarga computacional.

III.PRELIMINARES

Nesta secção, introduzimos conceitos preliminares essenciais, tais como o modelo do sistema (Secção 3.1), o modelo de privacidade (Secção 3.2) e uma visão geral da codificação de preservação da ordem mutável (mOPE) de [6], que utilizamos como um bloco de construção no nosso trabalho

A. Modelo do sistema

O modelo do sistema é composto por três entidades distintas: (1) o proprietário dos dados; (2) o provedor de serviços em nuvem terceirizado (abreviadamente, servidor em nuvem ou simplesmente servidor); e (3) o cliente. As entidades são ilustradas na Figura 3-1. O proprietário dos dados tem um conjunto de dados com n pontos de interesse bidimensionais, mas não tem a infraestrutura necessária para executar e manter um sistema para processar consultas do vizinho mais próximo de um grande número de utilizadores. Por conseguinte, o proprietário dos dados subcontrata os serviços de armazenamento e de consulta dos dados a um fornecedor de serviços na nuvem. Como o conjunto de dados de pontos de interesse é um recurso valioso para o proprietário dos dados, o armazenamento e a consulta devem ser feitos de forma encriptada (serão fornecidos mais pormenores na descrição do modelo de privacidade, secção 3.2).

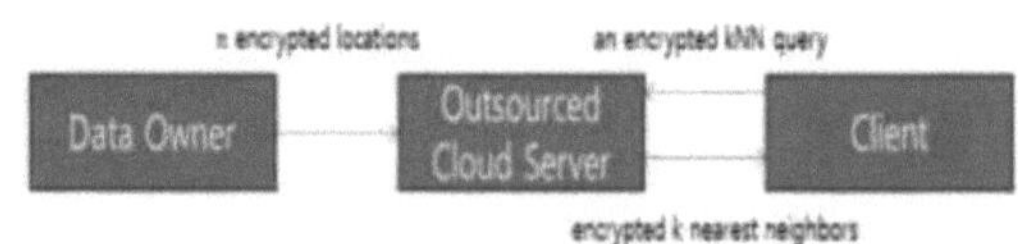

Figura 1: Modelo do sistema

O servidor recebe o conjunto de dados de pontos de interesse do proprietário dos dados em formato cifrado, juntamente com algumas estruturas de dados cifradas adicionais (por exemplo, gramas de Voronoidia, triangulações de Delaunay) necessárias para o processamento de consultas (forneceremos pormenores sobre estas estruturas nas Secções 4 e

5) . O servidor recebe os pedidos de kNN dos clientes, processa-os e devolve os resultados. Embora o fornecedor de serviços de computação em nuvem possua normalmente recursos computacionais poderosos, o processamento de dados encriptados implica uma sobrecarga de processamento significativa, pelo que as considerações de desempenho no servidor de nuvem representam uma preocupação importante. O cliente tem um ponto de consulta Q e deseja encontrar os vizinhos mais próximos do ponto. O cliente envia a sua consulta de localização encriptada para o servidor e recebe k vizinhos mais próximos como resultado. Note-se que, devido ao facto de os pontos de dados estarem encriptados, o cliente também precisa de realizar uma pequena parte do processamento da consulta, ajudando em determinados passos (os detalhes serão fornecidos nas Secções 4 e 5).

B. Modelo de privacidade

Como mencionado anteriormente, o conjunto de dados de pontos de interesse representa um ativo importante para o proprietário dos dados e uma importante fonte de receitas. Por isso, as coordenadas dos pontos não devem ser conhecidas pelo servidor. Assumimos um fornecedor de serviços na nuvem honesto, mas curioso. Neste modelo, o servidor executa corretamente o protocolo dado para processar as consultas kNN, mas também tentará inferir a localização dos pontos de dados. Para permitir a avaliação das consultas, é necessário um tipo especial de encriptação que permita o processamento em textos cifrados. No nosso caso, usamos a técnica mOPE de [6]. mOPE é um método de encriptação com preservação da ordem comprovadamente seguro, e as nossas técnicas herdam a

A garantia de segurança IND-OCPA contra o servidor honesto, mas curioso, fornecida pelo mOPE[3]. Além disso, assumimos que não há conluio entre os clientes e o servidor e que os clientes não revelam ao servidor as chaves de encriptação.

C. Método de processamento seguro de consultas de intervalo

Como mostraremos mais adiante, nas Secções 4 e 5, o processamento de consultas kNN em dados encriptados requer operações complexas, mas no centro destas operações está um   esquema relativamente simples, designado por preservação de ordem mutável
O mOPE permite a avaliação segura de consultas de intervalo e é o único sistema de codificação com preservação de ordem (OPES) comprovadamente seguro conhecido até à data. A diferença entre o mOPE e as técnicas OPES anteriores (por exemplo, Boldyreva et. al. [11, 12]) é que permite que os textos cifrados mudem de valor ao longo do tempo, daí o atributo mutável. Sem mutabilidade, foi demonstrado em [6] que não é possível uma OPES segura. Uma vez que os nossos métodos utilizam tanto a mOPE como a cifragem simétrica convencional (AES), para evitar confusões, iremos referir-nos às operações da mOPE como codificação e

descodificação de texto simples/texto cifrado, enquanto as operações da AES são designadas por cifragem/desencriptação[3].

O esquema mOPE numa configuração cliente-servidor funciona da seguinte forma: o cliente tem a chave secreta de um esquema criptográfico simétrico, por exemplo, AES, e pretende armazenar o conjunto de dados de textos cifrados no servidor por ordem crescente dos textos simples correspondentes.

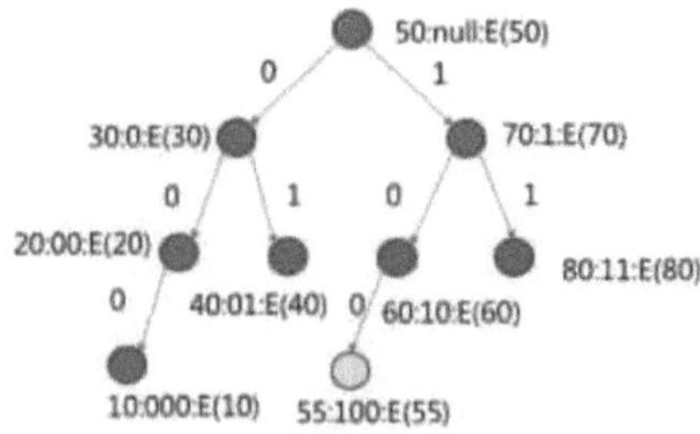

Figura 2: Árvore mOPE: Inserção do nó E(55)

O cliente interage com o servidor através de um protocolo que constrói uma árvore B no servidor. O servidor apenas vê os textos cifrados AES, mas é guiado pelo cliente na construção da estrutura da árvore[4]. O algoritmo começa com o cliente a armazenar o primeiro valor, que se torna a raiz da árvore. Cada novo valor armazenado no servidor é acompanhado por uma inserção na árvore B. A Figura 3-2 mostra um exemplo em que os valores em texto simples são também ilustrados para maior clareza, embora não sejam conhecidos pelo servidor (para simplificar, mostramos uma árvore binária no exemplo).

codificação mOPE = [caminho da árvore mOPE]10... .0

Ciphertext	mOPE Encoding
E(50)	[]1000 = 8
E(30)	[0]100 = 4
E(70)	[1]100 = 12
E(20)	[00]10 = 2
E(40)	[01]10 = 6
E(60)	[10]10 = 10
E(80)	[11]10 = 14
E(10)	[000]1 = 1
E(55)	[100]1 = 9

Figura 3: Tabela mOPE

O servidor mantém uma tabela mOPE com o mapeamento de textos cifrados para codificações, como ilustrado na Figura 3-3 para uma árvore com quatro níveis (codificação de quatro bits). Claramente, a mOPE é uma codificação que preserva a ordem e pode ser utilizada para responder de forma segura a consultas de intervalo sem necessidade de desencriptar textos cifrados[4].

IV.UM VIZINHO MAIS PRÓXIMO (1NN) A. 1NN baseado no Diagrama de Voronoi (VD-1NN)

Nesta secção, concentramo-nos em encontrar de forma segura o 1NN de um ponto de consulta. Utilizamos diagramas de Voronoi [1], que são estruturas de dados especialmente concebidas para suportar consultas NN. Um exemplo de diagrama de Voronoi é mostrado na Figura 4-1. Denote a distância euclidiana entre dois pontos e por (,), e seja = { , , ... , } seja um conjunto de pontos distintos no plano. O diagrama de Voronoi (ou tesselação) de é definido como a subdivisão do plano em regiões poligonais convexas (chamadas células) tais que um ponto se encontra na célula correspondente a um ponto se e só se é o 1NN de , ou seja, para qualquer outro ponto é válido que

(,)   <(,   ) [1]. Responder a uma consulta 1NN resume-se a verificar qual a célula de Voronoi que contém o ponto de consulta. No nosso modelo de sistema, tanto os pontos de dados como a consulta devem ser encriptados[10,14]. Por isso, precisamos de verificar o invólucro

B.   de um ponto dentro de uma célula de Voronoi de forma segura. De seguida, propomos um esquema seguro de avaliação de recintos[14].

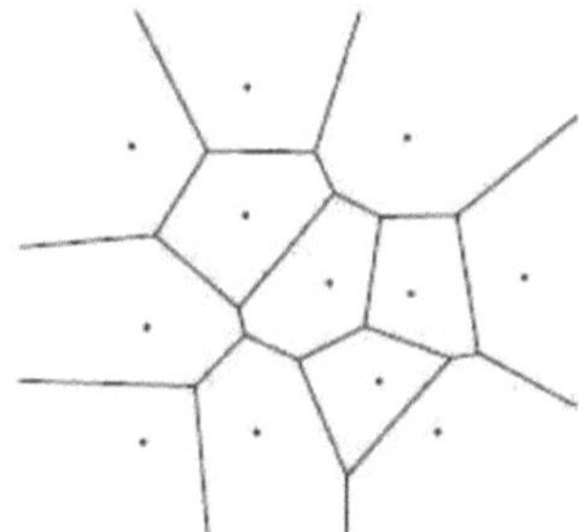

Figura 4: Diagrama de Voronoi

C. Avaliação do invólucro seguro da célula de Voronoi

Com base no método de processamento seguro de consultas de intervalos introduzido na Secção 3.3, desenvolvemos um esquema seguro que determina se uma célula de Voronoi contém o ponto de consulta encriptado. Considere-se o exemplo de célula de Voronoi da Figura

4-2. Para simplificar, consideramos um triângulo, mas o protocolo que concebemos funciona para qualquer polígono convexo como uma célula[10]. O proprietário dos dados envia para o servidor os vértices encriptados da célula: (,), (,) e (,). Análise de desempenho

O proprietário dos dados calcula o diagrama de Voronoi de ordem 1 do conjunto de dados, determina os limites MBR de cada célula de Voronoi e codifica, utilizando mOPE, as coordenadas dos vértices da célula, bem como o lado direito da Eq. (9) para cada aresta de uma célula de Voronoi. Os declives são encriptados utilizando a encriptação simétrica (por exemplo, AES). O tempo de geração do diagrama de Voronoi é efectuado utilizando o algoritmo de Fortune [1]. O número de vértices de Voronoi que requerem codificação mOPE num conjunto de pontos de dados é, no máximo, 2 - 5 [1,14]. Assim, o tempo para codificar os Voronoipontos é proporcional a 4, uma vez que cada Voronoiponto tem uma coordenada x e uma coordenada y. Além disso, o lado direito , da Eq. (9) deve ser codificado para cada aresta, e o número de arestas num diagrama de Voronoi é no máximo 3 - 6. O número total de operações de codificação mOPE é proporcional a 7 [14]. Os declives são encriptados utilizando a encriptação AES e não requerem a codificação mOPE. No total, o proprietário dos dados efectua 3n operações de encriptação AES e 7nmOPE.

V.K VIZINHO MAIS PRÓXIMO (KNN)

Para suportar consultas kNN seguras, em que k é fixo para todos os utilizadores que fazem consultas, podemos alargar o método VD-1NN da Secção 4, gerando diagramas de Voronoi de ordem-k. [1]. No entanto, este método, a que chamamos VD-kNN, tem vários inconvenientes graves: (1) A complexidade da geração de diagramas de Voronoi de ordem-k é (

,) ou ((-)   +   ), dependendo da

abordagem utilizada. Este valor é significativamente mais elevado do que (

.

) para os Voronoidiagramas de ordem 1.

(2) O número de células de Voronoi num diagrama de Voronoi de ordem-k é ((-)), ou aproximadamente quando k<<n. Isto conduz a uma elevada sobrecarga de encriptação de dados no proprietário dos dados, bem como a um tempo de processamento de consultas proibitivamente elevado no servidor (um aumento de k vezes em comparação com o VD-1NN)[13,14]. Motivados por estas limitações do VD-kNN, começamos por introduzir um método seguro de comparação de distâncias (SDCM) na Secção 5-1. Em seguida, na Secção 5-2, concebemos o Basic kNN (BkNN), um protocolo que utiliza o SDCM como bloco de construção, e

responde a consultas kNN utilizando comparações repetitivas entre pares de pontos de dados[2]. O BkNN é apenas um esquema auxiliar, muito dispendioso por si só, mas representa o ponto de partida para o Triangulation kNN (TkNN), apresentado na Secção 5-3. O TkNN baseia-se no conceito BkNN e apresenta resultados exactos para k=1. Para k>1, é um método aproximado que fornece resultados kNN de elevado valor com um orçamento significativamente inferior[2].

V. CONCLUSÃO

Neste documento, propusemos dois esquemas para apoiar o processamento seguro de consultas do k vizinho mais próximo: VD-kNN, que se baseia em diagramas de Voronoi, e TkNN, que se baseia em triangulações de Delaunay. Ambos utilizam a codificação com preservação de ordem mutável (mOPE) como bloco de construção. O VD-kNN fornece resultados exactos, mas a sua sobrecarga de desempenho pode ser elevada. O TkNN apenas oferece resultados NN aproximados, mas com melhor desempenho. Além disso, a precisão do TkNN é muito próxima da do método exato. Em trabalhos futuros, planeamos investigar funções de avaliação segura mais complexas em textos cifrados, tais como consultas de horizonte. Também iremos investigar garantias formais de proteção de segurança contra o cliente, para evitar que este aprenda algo mais do que os resultados das k consultas recebidas.

CAPÍTULO 7

TURVAR OU NÃO TURVAR, ESSA É A QUESTÃO
PERGUNTA PARA UM CENTRO DE DADOS CIENTÍFICOS

Na era da tecnologia da informação, a ideia de transformar os centros de dados que executam trabalhos científicos em lotes em nuvens privadas é tão atractiva como preocupante. As plataformas de computação em nuvem podem ajudar a limitar o consumo de energia e a implementar estratégias de tolerância a falhas. No entanto, existe também o receio de que o desempenho possa piorar, e que a eletricidade necessária para uma maior duração dos trabalhos e para a implementação de tolerância a falhas possa ultrapassar o que foi poupado. Neste artigo, apresentamos a análise de consumibilidade para avaliar o impacto das afinações da nuvem e da tolerância a falhas em sistemas de processamento científico. A análise considera conjuntamente aspectos de desempenho, consumo e fiabilidade. O objetivo é identificar se, para um determinado sistema, existe uma configuração em que o consumo e a taxa de falhas de trabalho diminuem, enquanto o desempenho não é afetado. Aplicada ao centro de dados científicos da nossa Universidade, a análise permitiu-nos encontrar a seleção adequada da configuração das máquinas virtuais, da estratégia de consolidação e da afinação da tolerância a falhas.

1. INTRODUÇÃO

Muitas instituições possuem centros de dados científicos para realizar cálculos pesados, normalmente sob a forma de trabalhos de longa duração e não interactivos (batch). Embora esses sistemas de computação tenham sido concebidos para um elevado desempenho, raramente são utilizados na sua capacidade máxima [1], [2], desperdiçando energia devido ao consumo de energia de máquinas inutilmente activas. Além disso, são afectados por um número não negligenciável de falhas, que causam um maior desperdício de energia (de trabalhos não concluídos) e afectam a fiabilidade do sistema1 [4]. As plataformas de computação em nuvem estão a emergir como um meio promissor para resolver os problemas acima referidos, sugerindo a nebulização dos centros de dados científicos. Os trabalhos podem ser executados em máquinas virtuais (VMs) de acordo com um modelo de Infraestrutura ou Plataforma como Serviço [5]. A computorização em nuvem pode permitir poupanças de energia através da consolidação de máquinas virtuais num número reduzido de máquinas físicas (PM) e da colocação em modo de espera ou desligamento das máquinas inactivas [6], [7]. A virtualização é também atractiva porque facilita a implementação de mecanismos de tolerância a falhas; por exemplo, o checkpointing de trabalhos é simplificado através da captura de imagens de VMs inteiras, enquanto a replicação de trabalhos é transformada em replicação de VMs [8], [9]. Infelizmente, a virtualização e a computação em nuvem também podem piorar o desempenho e o consumo, frustrando ou mesmo superando os benefícios esperados [6], [10]. Em

[11], apresentámos resultados preliminares que indicam que os aspectos de desempenho, consumo e fiabilidade de um centro de dados científicos se afectam mutuamente, quando se utiliza virtualização e tolerância a falhas. Neste artigo, propomos uma técnica de análise de consumibilidade para avaliar quantitativamente essas relações mútuas quando se faz a cloudificação de um centro de dados científicos. A análise serve para

estimar o impacto das soluções de nuvem e para o gerenciamento e ajuste adequados. A técnica baseia-se em modelos estocásticos, concebidos para serem alimentados com dados de campo do sistema em análise. Aplicamos a análise ao sistema S.Co.P.E. da nossa Universidade, demonstrando que um centro de dados científicos com computação em nuvem pode ser ajustado de modo a reduzir o consumo de energia e a probabilidade de falha de trabalhos sem afetar o desempenho. Depois de discutir a investigação relacionada (Secção 2), o documento prossegue da seguinte forma:

1) Os modelos de consumibilidade de um sistema físico descontínuo (PS) (secção 3) e do sistema correspondente em nuvem

(CS) (secção 4), abrangendo o desempenho, o consumo e a disponibilidade.
2) Os dados reais recolhidos através da monitorização de um centro de dados científicos são utilizados para estimar os parâmetros de entrada dos modelos PS (secção 5) e CS (secção 6). Este estudo de caso serve tanto para validar os modelos como para orientar os profissionais;
3) Os modelos são resolvidos (secção 7), demonstrando que é possível encontrar um compromisso adequado entre desempenho, consumo e fiabilidade: (i) instanciando um número de VMs por PM, o que reduz a sobrecarga de gestão de VMs ao mesmo tempo que proporciona flexibilidade e isolamento de execução, (ii) consolidando VMs com diferentes tipos de carga, paralelizando assim operações com diferentes requisitos de recursos, e (iii) seleccionando e ajustando a estratégia de tolerância a falhas de modo a que o seu custo seja equilibrado pela poupança de energia devido a falhas de trabalho.

2. TRABALHOS RELACIONADOS

Os modelos comuns de implantação da computação em nuvem são a nuvem pública e a nuvem privada [5]. No primeiro caso, um fornecedor de serviços fornece uma infraestrutura de nuvem para utilização aberta pelos clientes. No segundo, a infraestrutura destina-se a ser utilizada exclusivamente por uma organização. Muitos estudos discutem como a computação científica pode ser migrada para uma nuvem pública para evitar os custos de construção e propriedade de grandes centros de dados [6], [10], [12], [13], [14]. O foco deste artigo é a nuvem privada: as instituições que já possuem um centro de dados podem adotar a nuvem e a virtualização como meios de gestão. Para o centro de dados científicos S.Co.P.E., discutido neste artigo, um protótipo de grid-on-cloud é apresentado e validado em [15]. Outras plataformas de virtualização de sistemas de processamento científico, integrando o aprovisionamento de clusters virtuais, foram também propostas [16]. Embora os objectivos destes trabalhos se sobreponham parcialmente aos do presente documento, são ainda incipientes e os resultados experimentais não comprovam a consecução dos objectivos. Outros estudos tentam encontrar a configuração que melhora o desempenho, o consumo ou a fiabilidade. Muitas vezes, centram-se (i) na colocação de máquinas virtuais em máquinas físicas (consolidação de VMs) ou (ii) na colocação de tarefas em VMs (semelhante ao problema de agendamento comum).

Os problemas de desempenho são normalmente enfrentados na procura de estratégias de consolidação que misturam VMs com cargas diferentes num mesmo servidor. Os resultados experimentais mostram que, para tarefas de computação intensiva, o desempenho diminui gradualmente quando o número de VMs co-hospedadas aumenta, enquanto no caso de operações de E/S, a degradação do desempenho ocorre devido ao atraso adicional no processamento de dados [17]. Do mesmo modo, as VMs com CPU e memória limitadas podem ser consolidadas para uma exploração eficiente dos recursos [7].

Para além de reduzir a deterioração do desempenho introduzida pela camada de virtualização, o projeto Magellan [18] estuda a forma como o consumo de energia pode beneficiar da programação adequada das máquinas virtuais. Este projeto investiga o papel da computação em nuvem na resolução de problemas relacionados com a energia na computação intensiva de dados de gama média. As principais conclusões revelaram que a computação em nuvem pode ser utilizada mesmo para computação científica, mas é necessário ter em conta os seus requisitos específicos, sobretudo no caso de operações ligadas a E/S (por exemplo, operações de comunicação, operações de leitura/escrita em disco). Relativamente a estes estudos, consideramos não só o impacto da consolidação no desempenho e no consumo, mas também na fiabilidade. Os problemas de dependabilidade são muitas vezes considerados como violações de SLA [6], [7], [10], [19]. A utilização desta contagem como métrica de fiabilidade nem sempre é correcta, uma vez que uma violação pode simplesmente representar o desempenho a descer abaixo de um determinado limiar, enquanto o comportamento defeituoso real é negligenciado. A procura de soluções de compromisso entre fiabilidade e desempenho com consciência energética é discutida em [19], que compara várias consolidações. As vantagens da implementação de estratégias de tolerância a falhas de checkpointing e replicação em ambientes virtualizados são discutidas em [8], [9], [22], [23]. A tolerância a falhas baseada em hipervisor (HBFT) implementa o protocolo de recuperação de pontos de verificação, mas causa uma grande sobrecarga nas VMs, pelo que devem ser consideradas várias optimizações para a sua adoção [9]. A utilização de snapshots das VMs para implementar o checkpointing parece ser uma solução viável [8], [22]. A sobrecarga do mecanismo, que deve suspender, tirar instantâneos e retomar VMs, pode ser reduzida usando instantâneos incrementais [8]. A tolerância a falhas baseada em replicação é descrita em [23]. Um programa é executado numa VM para a qual foi criada uma reserva ativa; isto é, outra VM actua como uma réplica e é actualizada até quarenta vezes por segundo, pelo que o seu estado está ligeiramente atrasado em relação ao da VM principal.

A importância de considerar as relações mútuas entre os atributos de desempenho, eficiência energética e confiabilidade em ambientes virtualizados foi discutida em nosso artigo anterior [11]. Os resultados abriram caminho para a análise de consumibilidade para a avaliação conjunta dos três aspectos, que neste artigo é discutida em detalhe e aplicada a um sistema real para ajustar vários factores, demonstrando o valor acrescentado da nuvem como um meio para a gestão de centros de dados científicos.

3. MODELAÇÃO DO SISTEMA

Adoptamos uma abordagem baseada em modelos, uma vez que oferece uma abstração do sistema real, deixando de fora pormenores desnecessários e permitindo evitar a implementação do sistema. A modelação é feita na perspetiva da execução de trabalhos. Num sistema que executa trabalhos em lote, tanto a degradação do desempenho como as falhas reflectem-se diretamente nos trabalhos submetidos pelos utilizadores, e um trabalho, por sua vez, afecta o consumo do sistema. O problema é identificar as relações entre os níveis de desempenho, a dinâmica do consumo de energia e as falhas. Utilizamos uma abordagem hierárquica, ou seja, o desempenho, o consumo e as falhas são primeiro modelados separadamente e depois compostos num modelo global, tendo em conta as suas relações mútuas.

3.1 Modelo de desempenho

O modelo de desempenho descreve o fluxo de execução correto de um trabalho em lote de acordo com gestores de recursos/agendadores de trabalhos populares para sistemas em lote, como o Globus Toolkit,3 o Torque,4 o Univa Grid Engine.5 Um trabalho submetido ao sistema é colocado em fila de espera; em seguida, começa a ser executado quando são identificados os recursos para a sua execução e chega o momento da sua execução; quando a execução termina, o trabalho é concluído e os resultados são devolvidos ao utilizador durante a fase de saída. O SRN da Fig. 1 modela este ciclo de vida de um posto de trabalho. A transição are representa a chegada do trabalho; em seguida, um trabalho é colocado em fila de espera e um token é adicionado ao lugar Q. O agendamento e o início da execução de um trabalho são modelados pela transição sch. A transição cpl representa a conclusão do trabalho, removendo um token de R e adicionando um token a C. Após o disparo da transição exg, um token é removido de C, imitando a notificação do resultado final ao utilizador. gs é uma função de guarda (ou de ativação) utilizada para inibir a capacidade de agendamento quando não estão disponíveis recursos livres suficientes para executar um trabalho. Esta função depende do número de trabalhos já em execução e do total de recursos disponíveis. Distribuições de probabilidade das unidades de inter-chegada, de programação e de conclusão.

4. MODELAÇÃO DE SISTEMAS EM NUVEM

No caso de um sistema de lotes baseado na nuvem, consideramos (i) trabalhos executados em VMs, (ii) cada PM hospedando até um certo número de VMs, (iii) PMs ligados apenas executando pelo menos uma VM, e em espera os outros (ou seja, com um consumo de energia reduzido, mas exigindo um certo tempo antes que as VMs possam ser hospedadas). Os modelos de desempenho e de falha têm de considerar eventos adicionais específicos de um CS (por exemplo, criação de VM, falha na criação de uma VM). O modelo de consumo não se altera com

relativamente ao sistema físico (difere para os pesos, que são entradas do modelo). O sistema é basicamente um sistema em lote baseado na nuvem, pelo que o desempenho é o principal fator de desafio neste modelo.

4.1 Modelo de desempenho

Antes de executar um trabalho numa VM, essa máquina tem de ser instanciada num PM. Esta operação é designada por aprovisionamento de uma VM. Após a execução, a máquina deve ser eliminada e os recursos do PM libertados. A esta operação chama-se desprovisionamento de uma VM [35]. Assim, no que diz respeito ao modelo de desempenho discutido na Secção 3.1, acrescentamos duas transições que modelam a fase de aprovisionamento e a fase de desprovisionamento.

5. CONCLUSÕES

A nebulização dos centros de dados científicos é atractiva para melhorar a sua gestão e eficiência. No entanto, nem tudo o que reluz é ouro. A nuvem é baseada na virtualização, o que tem um impacto significativo no desempenho. Além disso, o hipervisor provoca um aumento do consumo nos nós de alojamento. Por fim, as falhas acontecem, e a tolerância a falhas tem um custo. A análise custo-benefício de estratégias de gestão de um sistema de processamento científico não pode ignorar nenhum dos aspectos de desempenho, consumo e dependabilidade, nem os seus efeitos mútuos. Este artigo apresentou a análise de consumibilidade para estimar o impacto da computação em nuvem nesses atributos, e o estudo de caso de um centro de dados científico real, que demonstrou a eficácia dessa análise como um meio para os administradores ajustarem adequadamente seus sistemas. Os resultados mostraram que a computação em nuvem pode definitivamente

REFERÊNCIAS

[1]   V. Paxson, "Bro: A System for Detecting Network Intruders in Realtime", Computer Networks, vol. 31, pp. 2435-2463, 1999

[2]   P. Garca-Teodoro, J. Daz-Verdejo, G. Maci- Fernndez, e E. Vzquez, "Anomaly-based Network Intrusion Detection: Techniques, Systems and Challenges," Computers & Security, vol. 28, pp. 18-28, 2009.

[3]   D. E. Denning, "An Intrusion-detection Model," IEEE Transactions on Software Engineering, pp. 222-232, 1987.

[4]   K. Lee, J. Kim, K. H. Kwon, Y. Han, e S. Kim, "DDoS attack detection method using cluster analysis," Expert Systems with Applications, vol. 34, no. 3, pp. 16591665, 2008.

[5]   A. Tajbakhsh, M. Rahmati, e A. Mirzaei, "Intrusion detection using fuzzy association rules," Applied Soft Computing, vol. 9, no. 2, pp. 462-469, 2009.

[6]   J. Yu, H. Lee, M.-S. Kim, e D. Park, "Traffic flooding attack detection with SNMP MIB using SVM," Computer Communications, vol. 31, no. 17, pp. 42124219, 2008.

[7]   W. Hu, W. Hu, e S. Maybank, "AdaBoost-Based Algorithm for Network Intrusion Detection," Trans. Sys. Man Cyber. Part B, vol. 38, no. 2, pp. 577-583, 2008.

[8]   C. Yu, H. Kai, e K. Wei-Shinn, "Collaborative Detection of DDoS Attacks over Multiple Network Domains," Parallel and Distributed Systems, IEEE Transactions on, vol. 18, pp. 1649-1662, 2007.

[9]   G. Thatte, U. Mitra e J. Heidemann, "Parametric Methods for

Anomaly Detection in Aggregate Traffic", Networking, IEEE/ACM Transactions on, vol. 19, n.º 2, pp. 512-525, 2011.

[10]   S. T. Sarasamma, Q. A. Zhu, e J. Huff, "Hierarchical Kohonenen Net for Anomaly Detection in Network Security," Systems, Man, and Cybernetics, Part B: Cybernetics, IEEE Transactions on, vol. 35, pp. 302312, 2005.

[11]   S. Yu, W. Zhou, W. Jia, S. Guo, Y. Xiang, e F. Tang, "Discriminating DDoS Attacks from Flash Crowds Using Flow Correlation Coefficient," Parallel and Distributed Systems, IEEE Transactions on, vol. 23, pp. 1073-1080, 2012.

[12]   S. Jin, D. S. Yeung, e X. Wang, "Network Intrusion Detection in Covariance Feature Space," Pattern Recognition, vol. 40, pp. 2185-2197, 2007.

[13]   C. F. Tsai e C. Y. Lin, "A Triangle Area Based Nearest Neighbors Approach to Intrusion Detection," Pattern Recognition, vol. 43, pp. 222-229, 2010.

[14]   A. Jamdagni, Z. Tan, X. He, P. Nanda, e R. P. Liu, "RePIDS: A multi tier Real-time Payloadbased Intrusion Detection System", Computer Networks, vol. 57, pp. 811-824, 2013.

[15]   Z. Tan, A. Jamdagni, X. He, P. Nanda, e R. P. Liu, "Denial of-Service Attack Detection Based on Multivariate Correlation Analysis," Neural Information Processing, 2011, pp. 756-765.

[16]   S.-Y. R. Li e R. W. Yeung, "Linear network coding", IEEE Transactions on Information Theory, vol. 49, pp. 371-381, 2003.

[17]   T. Noguchi, T. Matsuda e M. Yamamoto, "Performance

evaluation of new multicast architecture with network coding", IEICE Trans. Commun, vol. E86-B, pp. 1788-1795, 2003.

[18]   Y. Zhu, B. Li e J. Guo, "Multicast with network coding in application-layer overlay networks", IEEE Journal on Selected Areas in Communications, vol. 22, pp. 107-120, 2004.

[19]   Li Q, Aslam J, Rus D, "Online Power-aware Routing in Wireless Ad- hoc Networks," Proceedings

da   Conf. Internacional   sobre Computação   Móvel   e Networking (MobiCom"2001), 2001.

[20]   StojmenovicI   ,   Lin X. "Power-Aware

Localized Routing in Wireless Net108 works", IEEE Trans. Parallel and Distributed Systems 2001; 12(11):1122-1133.

[21]   Doshi S, Brown TX, "Minimum Energy Routing Schemes for a Wireless Ad Hoc Network," Actas da Conferência sobre Comunicações por Computador (IEEE Infocom 2002), 2002.

[22]   Woo K, Yu C et al., "Localized Routing Algorithm for Balanced Energy Consumption in Mobile Ad Hoc Networks," Proc. of Int'l Symp. on Modeling, Analysis and Simulation of Computer and Telecommunication Systems 2001,117-124.

[23]   Toh C-K, "Maximum Battery Life Routing to Support Ubiquitous Mobile Computing in Wireless Ad hoc Networks," IEEE Communications Magazine, vol. 39, no. 6, pp. 138147, junho de 2001.

[24]   M. Adamou e S.Sarkar, "A Framework for Optimal Battery Management for Wireless Nodes," Proceedings of IEEE INFOCOMP 2002, pp. 1783-1792.

[25]   C. F. Chiasserini e R. R. Rao, "Improving Battery Performance

by Using Traffic Shaping Policies", IEEE Journal on Selected Areas of Communications, vol. 19, n.º 7, pp. 1385-1394, julho de 2001.

[26]   S. Agarwal, A. Ahuja, and J. P. Singh, "Route - Lifetime Assessment- Based Routing (RABR) for Mobile Ad Hoc Networks," Proceedings of IEEE ICC 2000, vol. 3,pp. 1697-1701, junho de 2000.

[27]   S.   Agarwal, R.   H. Katz, S. V. Krishnamurthy,   e   S.K.   Dao,   "Distributed   Power   Controlin AdHocWirelessNetworks   ," Actas do IEEE PIMRC 2001, vol. 2, 59- 66, outubro de 2001.

[28]   T. G "uven, C. Kommareddy, R. J. La, M. A. Shayman, and B. Bhattacharjee, "Measurement based optimal multi-path routing," in Proceedings of the Conference on Computer Communications (IEEE Infocom), Hong Kong, Mar.2004

[29]   Organização Mundial de Saúde, Global and Regional Estimates of   Violence   against   Women, http://apps/who/int/iris/bitstream/10665/85239/1/97892415   64625 eng.pdf, p. 2.

[30]   Gabinete Nacional de Registos Criminais (Ministério dos Assuntos Internos), "Crime in India 2012 Statistics", Imprensa do Governo da Índia, junho de 2013

[31]   Dhruv Chand, M. Sankaranarayanan, S.; Sharma, C., "Project Jagriti: Crowdsourced child abuse reporting", Global Humanitarian Technology Conference (GHTC), 2014 IEEE, vol., no., pp.609, 613, 10-13 Oct.2014 Doi: 10.1109/GHTC.2014.6970346

[32]   Jou-Chih Chang; Pi-Shih Wang; Kang-Hsuan Fan; Shih-Rong Yang; De-Yuan Su; Min-Shiung Lin; Min-Te Sun; Yu-Chee Tseng,

"iMace: Protecting Females from Sexual and Violent Offenders in a Community via Smartphone," Parallel Processing Workshops (ICPPW), 2011 40th International Conference on, vol.,no., pp.71, 74, 13-16 Sept. 2011 doi: 10.1109/ICPPW.2011.57

[33]   VithU: V Gumrah Initiative na Google Play Store:https://play.google.com/store/apps/details?id=com. start v.gumrah. Acedido em 2015-06-01.

[34]   Nirbhaya: BeFearless   : http://www.nirbhaya.mobi.Accessed 2015-06-01.

[35]   Organização Internacional do Trabalho, 2012, "ILO Estimativa Global do Trabalho Forçado: Results and Methodology", p. 14, Genebra.

[36]   J. M. Bruggeman, R.B. Rubin, et al. (1997). "Findings of a study to estimate the effectiveness of proposed car-pool incentive policies" [Resultados de um estudo para avaliar a eficácia das políticas de incentivo à partilha de automóveis propostas]. Transportation Research Record, Vol. (650), pp. 36-43.

[37]   Tony D., Travis M. (2013, setembro). A New Way to Go: The Transportation Apps and Vehicle-Sharing Tools that Are Giving More Americans the Freedom to Drive Less [Uma nova maneira de ir: os aplicativos de transporte e as ferramentas de compartilhamento de veículos que estão dando a mais americanos a liberdade de dirigir menos]. Fundo de Educação do U.S. PIRG. Boston, EUA. Online].
Disponível:

http://www.uspirg.org/sites/pirg/files/reports/A%20Ne
w%20Way%20to%20Go%20vUS1.pdf

[38]   Gabinete de Registos Criminais. (2014, junho). Crime in India
2013 Statistics. Governo da Índia. Nova Deli.Online.
Disponível:
http://ncrb.nic.in/StatPublications/CII/CII2013/Statistic s-2013.pdf

[39]   S.T.Mehrotra; KalpanaVishwanathan. (2007, março). Is This
Our City? Mapping Safety for Women in Delhi.   Jagori.
Novo
Delhi.Online].Disponível:http://www.jagori.org/sites/de fault/files
/publication/IS-THIS-OUR-CITY.pdf

[40]   Anastasia Loukaitou-Sideris. (2009, outubro).
Como aliviar o medo das mulheres em relação ao transporte
Ambientes: Estudos de caso e melhores práticas. Mineta
Transportation Institute.   CA.
Em linha].
Disponível: http://transweb.sjsu.edu/MTIportal/research/ publication
ns/documents/ 2611-women- transportation.pdf

[41]   M. Kunieda e A. Gauthier (2007). Gender and Urban
Transport: Fashionable and Affordable Module 7a, Sustainable
Transport: A Sourcebook for Policy Makers in Developing Cities,
GTZ, Eschborn.

[42]   Crime Concern e Transport and Travel Research (1997)
"Perceptions of Safety from Crime on Public Transport". London:
Crime Concern e Transport and Travel Research.

[43]   A.H. Eagly& M. Crowley. "Género e comportamento de ajuda:

A meta-analytic review of the social psychologicalliterature   ".
Psychological

Boletim, Vol.100, pp. 283-308, Nov. 1986.

[44]   E.R. Smith & D.M. Mackie, "Interaction and Performance inGroups", in Social Psychology, 4th Ed. Philadelphia, P.A.: Psychology Press, 2014, Ch-11, pp.396-438.

[45]   Mark de Berg et.al., Computational Geometry, Springer [2] W. K. Wong, David W. Cheung, Ben Kao, and Nikos Figura 8-3. Tempo de encriptação de dados Mamoulis, Secure kNN Computation on Encrypted Databases, SIGMOD'09

[46]   Haibo Hu, JianliangXu, ChushiRen, e Byron Choi, Processing PrivateQueriesover   Untrusted

Nuvem de Dados através de Homomorfismo de Privacidade, ICDE'11

[47]   HuiqiXu, ShuminGuo, e Keke Chen, Construindo Serviços de Consulta Confidenciais e Eficientes na Nuvem com Perturbação de DadosRASP, TKDE'12

[48]   Bin Yao, Feifei Li e Xiaokui Xiao, Secure Nearest Neighbor Revisited, ICDE'13

[49]   Raluca Ada Popa, Frank H. Li e NickolaiZeldovich, AnIdeal-Security   Protocol for

Codificação com preservação da ordem, IEEE S&P'13

[50]   Gabriel Ghinita, PanosKalnis, Ali Khoshgozaran, Cyrus Shahabi, e Kian-Lee Tan, Private Queries in Location Based Services: Anonymizers are not Necessary, SIGMOD'08

[51]   Gabriel Ghinita, PanosKalnis, Murat Kantarcioglu, e Elisa Bertino, Uma Técnica Híbrida para Consultas Privadas Baseadas na

Localização com Proteção da Base de Dados, SSTD'09

[52]   Gabriel Ghinita, PanosKalnis, MuratKantarcioglu, and Elisa Bertino, Approximate and exact hybrid algorithms for private nearest-neighbor queries with database protection, Geoinformatica'11

[53]   Ali Khoshgozaran e Cyrus Shahabi, Avaliação cega de consultas ao vizinho mais próximo usando a transformação espacial para preservar a privacidade da localização, SSTD'07

[54]   A. Boldyreva, N. Chenette, Y. Lee, e A. O'Neill, Order Preserving Symmetric Encryption, EuroCrypt'09

[55]   A. Boldyreva, N. Chenette, and A. O'Neill, Order_preserving Encryption Revisited: Improved Security Analysis and Alternative Solutions, Crypto'11

[56]   Jon Louis Bentley, Multidimensional Binary Search Trees used for Associative Searching, ACM Communications, 1975

[57]   Thomas Roos, Voronoi diagrams over dynamic scenes, Discrete Applied Mathematics, 1993.

[58]   Gruteser M. and Grunwald D., Anonymous usage of location-based services through spatial and temporal cloaking, MOBISYS'03

[59]   A. Verma, P. Ahuja, and A. Neogi, -Power- aware dynamic placement of HPC applications, in
Proc. 22nd Annu. Int. Conf. Supercomput., 2008, pp. 175-184.

[60]   T. K. Samuel, T. Baer, R. G. Brook, M. Ezell, e P. Kovatch, -Programação de diversos sistemas de alto desempenho
sistemas de computação com o objetivo de maximizar a utilização, em Proc. Int. Conf.High Perform. Comput., 2011, pp. 1-6.

[61]   A. Avizienis, J. C. Laprie, B. Randell, and C. Landwehr, -Basic

concepts and taxonomy of dependable and IEEE Trans. Dependable Secure Comput., vol. 1, no. 1, pp. 11-33, Jan.-Mar. 2004.

[62]   A. Moody, G. Bronevetsky, K. Mohror, e B. R. De Supinski, - Design, modelação e avaliação de um sistema escalável de checkpointing multi-nível, II in Proc. ACM/IEEE Int. Conf. High Perform. Compu., Netw., Storage Anal., 2010, pp. 1-11.

[63]   NIST - National Institute of Standards and Technology, P. Mell e T. Grance, -The NIST definition of Cloud

[64]   C. Mastroianni, M. Meo e G. Papuzzo, -Consolidação probabilística de máquinas virtuais em centros de dados em nuvem auto-organizados,I IEEE Trans. Cloud Comput., vol. 1, no. 2, pp. 215-228, Jul. 2013.

[65]   B. Nicolae and F. Cappello, -BlobCR: Efficient checkpoint-restart for HPC applications on IaaS clouds using virtual disk image snapshots, II in Proc. ACM Int. Conf. High Perform. Comput., Netw.,

[66]   J. Zhu, Z. Jiang, Z. Xiao e X. Li, -Otimizando o desempenho da sincronização de máquinas virtuais para tolerância a falhas,I IEEE Trans. Comput., vol. 60, no. 12, pp. 1718-1729, Dez. 2011.

[67]   K. Le, J. Zhang, J. Meng, R. Bianchini, Y. Jaluria, and T. D. Nguyen, -Reducing electricity cost through virtual machine placement in high performance computing clouds,I in Proc. Int. Conf. High Perform. Comput., Netw., Storage Anal., 2011, pp. 1-12.

[68]   M. Cinque, D. Cotroneo, F. Frattini, and S. Russo, -Cost-benefit analysis of virtualizing batch systems: Performance energydependability trade-offs,I in Proc. 6th IEEE/ACM Int. Conf. Utility Cloud Comput., 2013, pp. .

[69]   A. Iosup, S. Ostermann, N. Yigitbasi, R. Prodan, T. Fahringer, and D. Epema, -Performance analysis of cloud computing services for many-tasks scientific computing,I IEEE Trans. Parallel Distrib. Syst., vol. 22, no. 6, pp. 931-945, Jun. 2011.

[70]   E. Roloff, M. Diener, A. Carissimi, and P. O. A. Navaux, -High performance computing in the cloud: Deployment, performance and cost efficiency, II in Proc. Int. Conf. Cloud Comput. Cloud Comput. Sci,

[71]   X. Zhu, L. T. Yang, H. Chen, J. Wang, S. Yin, e X. Liu, -Realtime tasks oriented energy-aware scheduling in virtualized clouds,I IEEE Trans. Cloud Comput., vol. 2, no. 2, pp. 168-180, Abr. 2014.

[72]   G. B. Barone, R. Bifulco, V. Boccia, D. Bottalico, R. Canonico, e L. Carracciuolo, -GaaS: Grades tomizadas nas nuvens,I in Proc. 18th Int. Conf. Parallel Process. Workshops, 2013, pp. 577-586.

[73]   Y. Zhao, Y. Zhang, W. Tian, R. Xue, and C. Lin, -Designing and deploying a scientific computing cloud platform,I in Proc. ACM/ IEEE 13th Int. Conf. Grid Comput., 2012, pp. 104-113.

[74]   S. Lee, R. Panigrahy, V. Prabhakaran, V. Ramasubramanian, K. Talwar, L. Uyeda, e U. Wieder, -Validatingheuristics   for   virtual machines

consolidação,I Microsoft Res., Redmond, WA, EUA, Tech. Rep. MSR-TR-2011-9, .

[75]   W. Deng, F. Liu, H. Jin, X. Liao, H. Liu, e L. Chen, -Lifetime or energy: Consolidação de servidores com controlo de fiabilidade em centros de dados virtualizados na nuvem, II in Proc. IEEE 4th Int.

Conf. Cloud Comput.

[76] R. Ghosh, F. Longo, R. Xia, V. K. Naik e K. S. Trivedi, -Planejamento de capacidade orientado por modelo estocástico para uma nuvem de infraestrutura como serviço,I IEEE Trans. Serv. Comput., vol. 7, no. 4, pp. 667-680, Sep. 2013.

[77] I. Krsul, A. Ganguly, J. Zhang, J. A. B. Fortes, and R. J. Figueiredo, -VMPlants: Fornecimento e gestão de ambientes de execução de máquinas virtuais para computação em grelha,Iin Proc. ACM/IEEE Conf.

Supercomput., 2004, p. 7.

[78] B. Cully, G. Lefebvre, D. Meyer, M. Feeley, N. Hutchinson, e A. Warfield, -Remus: Alta disponibilidade via máquina virtual assíncrona

replicação,I in Proc. 5th USENIX Symp. Netw. Syst. Design Implementation, 2008, pp. 161-174.

[79] G. Ciardo, A. Blakemore, P. F. Chimento Jr., J. K. Muppala, e K. S. Trivedi, -Automated generation and analysis of Markov reward models using stochastic reward nets,I in Linear Algebra, Markov Chains, and Queueing Models, IMA Volumes Math. Appl., vol. 48, C. Meyer e R. J. Plemmons. Heidelberg, Alemanha: Springer, 1993, pp. 145-191.

[80] B. Subramaniam and W. C. Feng, -Statistical power and performance modeling for optimizing the energy efficiency of scientific computing, II in Proc. IEEE/ACM Int. Conf. Green Comput. Commun., 2010, pp. 139-146.

[81] R. Bertran,M. Gonzelez, X. Martorell, N. Navarro, and E.

Ayguade, -A systematic methodology to generate decomposable and responsive power models for CMPs,I IEEE Trans. Comput., vol. 62, no. 7, pp. 1289-1302, Jul.

[82]   E. Heien, D. Kondo, A. Gainaru, D. LaPine, B. Kramer, e F. Cappello, -Modelação e tolerância de falhas heterogéneas em grandes sistemas paralelos,I in Proc. Int. Conf. High Perform. Comput., Netw., Storage Anal,

[83]   C. Di Martino, Z. Kalbarczyk, R. K. Iyer, F. Baccanico, J. Fullop, and W. Kramer, -Lessons learned from the analysis of system failures at petascale: The case of blue waters,I in Proc. Int. Conf. Dependable Syst. Netw., 2014, pp. 610-621.

[84]   RiceUniversity-Divisionof Information Tecnologia. (2013, Abr.). Porque é que os meus trabalhos não estão a ser executados? [Online]. Disponível   :http:// rcsg.rice.edu/rcsg/shared/scheduling.html

[85]   IGI-Italian Grid Infrastructure. (2014, Jul.). Guia de resolução de problemas para o CREAM [Online]. Disponível: https://wiki.italiangrid.it/twiki/bin/ view/CREAM/TroubleshootingGuide.

[86]   D. Cotroneo, F. Frattini, R. Natella, and R. Pietrantuono, - Performance degradation analysis of a supercomputer, II in Proc. IEEE 23rd Int. Symp. Sofw. Rel. Eng. Workshops, 2013.

[87]   K. S. Trivedi, Probability and Statistics with Reliability, Queuing and Computer Science Applications, 2nd ed. New York, NY, USA: Wiley, 2001.

[88]   C. Hirel, B. Tuffin, and K. S. Trivedi, -SPNP: Stochastic Petri

Nets. Versão 6,I in Proc. 11th Int. Conf. Comput. Perform. Eval: Model. Techn. Tools, 2000, pp. 354-357.

[89]   A. J. Oliner, R. K. Sahoo, J. E. Moreira, and M. Gupta   ,   - Performanceimplicationsof   periodic

checkpointing em sistemas de clusters de grande escala, I in Proc. 19th IEEE Int. Parallel Distrib. Process. Symp., 2005,p. 299.

[90]   F. Frattini, R. Ghosh, M. Cinque, A. Rindos, and K. S. Trivedi, -Analysis of bugs in Apache Virtual Computing Lab,Iin   Proc. IEEE/IFIP Int. Conf.

Dependable Syst. Netw., 2013, pp. 1-6.

[91]   F. Frattini. (2014, maio). Análise de consumibilidade

de   sistemas de processamento em lote   ,   dissertação   de doutoramento

[Online].   http://143.225.81.109/

www.mobilab.unina.it/tesi/PhDThesis_Flavio_Frattini_20 14.pdf

[92]   A. Rezaei, H. Salimi, and M. Sharifi, -Improving software dependability using system-level virtualization: A survey, II in Proc. IEEE 24th Int. Conf. Adv. Inf. Netw. Appl. Workshops, 2010, pp. 195-199.

[93]   Gedik B. and Liu L., Location privacy in mobile systems: a personalized anonymization model, ICDCS'05

[94]   Mokbel M. F., Chow C. Y., and Aref W. G., The new Casper: query processing for location services without compromising privacy, VLDB'06

[95]   Kalnis P., Ghinita G., Mouratidis K., and Papadias D., Preserving location-based identity inference in anonymous spatial

queries, TKDE'07

[96]   R. Agrawal, J. Kiernan. R. Srikant, and Y. Xu, Order preserving encryption for numeric data, SIGMOD'04

I want morebooks!

Buy your books fast and straightforward online - at one of world's fastest growing online book stores! Environmentally sound due to Print-on-Demand technologies.

Buy your books online at
www.morebooks.shop

Compre os seus livros mais rápido e diretamente na internet, em uma das livrarias on-line com o maior crescimento no mundo! Produção que protege o meio ambiente através das tecnologias de impressão sob demanda.

Compre os seus livros on-line em
www.morebooks.shop

info@omniscriptum.com
www.omniscriptum.com

Printed by Books on Demand GmbH, Norderstedt / Germany